AF296469

COLLECTION

DES

VASES GRECS

DE M. LE COMTE DE LAMBERG.

TOME PREMIER.

Accipe non vili calices de pulvere natos.

Mart., *Lib.* XIV, *Ep.* 102.

COLLECTION
DES VASES GRECS
DE M?. LE COMTE DE LAMBERG
EXPLIQUÉE ET PUBLIÉE

A PARIS
DE L'IMPRIMERIE DE DIDOT L'AINÉ.

M D CCC XIII.

INTRODUCTION.

Qu'y *a-t-il de plus sage que le temps ?* dit Plutarque[1] : *c'est lui qui dé-couvre, et qui découvrira tant de choses.* Or, parmi ses prodiges de conservation et de durée, ne doit-on pas compter ces précieux vases d'ar-gile qui, au bout de trente siècles, ont survécu aux monuments les plus durables; qui, protégés par des tombeaux, ont échappé à la destruction dans le séjour même de la mort. Le temple des géants s'est écroulé, ses ruines même ont disparu, et non loin de leurs débris on retire de la terre des restes fragiles de l'industrie des hommes, qui présentent des tableaux aussi purs, des inscriptions aussi lisibles, que dans les temps inconnus où ils furent fabriqués. Le danger ne commence pour ces précieux monu-ments qu'au sortir de leur demeure souterraine, et la destruction qui les menace dans nos habitations doit engager à les rendre éternels par le moyen de la gravure. D'ailleurs, l'élégance de leurs formes, la beauté de leur matière, les sujets qu'ils représentent, forment une étude inté-ressante pour l'historien, le peintre, et l'antiquaire. C'est par les vases que l'on peut véritablement connoître l'état de l'art chez les Grecs, comme on juge du talent de nos grands maîtres par leurs moindres dessins. Si les peintures des vases n'étoient point toutes l'ouvrage d'artistes distingués, elles étoient au moins la copie de tableaux célèbres retracés par des mains habiles : par elles se trouvent conservées des fables inconnues, des

(1) Plutarch, *Conviv. sept. Sap.*, p. 347.

scènes mystérieuses dont aucun auteur n'a fait mention; elles servent également à éclaircir des passages obscurs de ces mêmes auteurs, et à expliquer des événements que l'on ne connoissoit qu'imparfaitement. L'intérêt que présentèrent ces monuments, dès les premiers temps de leur découverte, donna lieu à la publication de plusieurs grands ouvrages[1] destinés à les faire connoitre; mais une erreur s'introduisit à cette époque, et se propagea pendant long-temps. Par une fausse interprétation de plusieurs passages de Pline et de Martial, où il est question des vases d'Arezzo[2], on attribua exclusivement les vases peints aux Etrusques; on alla même jusqu'à prétendre que ces vases ne se trouvoient que dans les pays jadis habités par les Etrusques ou les Thyréniens, tandis qu'au contraire leur véritable patrie est la grande Grèce et la Sicile, où les Etrusques pénétrèrent à peine. La même erreur, qui prévalut sur le

---

(1) DEMPSTER, *Etruria regalis;* Florentiæ, 1723, *in-fol.,* 3 vol. GORI, *Museum etruscum,* 3 vol. *in-fol.* CAYLUS, *Recueil d'antiquités.* MONTFAUCON, supplém. au t. III, *Antiq. expliq.,* 1757, *in-fol.* PASSERI, *Picturæ etrusc.,* Romæ, 1767, 3 vol. *in-fol.* D'HANCARVILLE, *Antiquités étrusques, grecques et romaines,* 1766-1767, 4 vol. *in-fol.*

(2) Pline parle en effet avec éloge des vases d'Arezzo, et les compare à ceux de Samos et de Sagonte, qui passoient pour les meilleurs connus de son temps : lib. XXXV, c. XII. Ces vases étoient composés d'une terre rouge, ferme et vernissée, meilleure, peut-être, pour les usages domestiques, que celle des plus beaux vases peints, mais très différente. S. Isidore, en décrivant cette sorte de poterie, s'exprime ainsi : *Aretina vasa in Aretio municipio Italiæ dicuntur, ubi fiunt: sunt enim rubra. Unde sedulius.*

Rubra quod appositum testa ministrat olus.

Ces vases sont couverts de bas-reliefs, en saillie très forte, et portent tous le nom de la fabrique en caractères romains, chose qui ne ressemble en aucune manière aux vases grecs que nous connoissons. Voy. GORI, *Diss. del alf. etrus.;* LANZI, *Vasi dipinti,* c. VIII, p. 37; S. ISIDOR., *de Orig.,* lib. XX, p. 273.

Le savant Lanzi a rapporté ce qu'il avoit connu des vases d'Arezzo; je vais rendre compte de ceux de Sagonte, et surtout de ceux de Tarragone, dont les fabriques étoient supérieures peut-être à celles de Sagonte. J'ai publié plusieurs de ces fragments curieux dans le *Voyage pittoresque d'Espagne,* tom. I, et j'ai indiqué le nombre de fabriques que l'on avoit comptées dans cette dernière ville, se montant dans les différents temps à plus de douze cents. La terre de Sagonte

est de deux espèces; la première, et la plus précieuse, est d'un rouge foncé et quelquefois jaspé, imitant, par le poids et par le vernis, notre faïence, et ressemblant à une sorte de poterie que l'on fait en Portugal. Le vernis qui couvre ces vases est aussi ferme, aussi brillant que celui de la plus belle porcelaine. Les vases composés de cette matière faisoient vraisemblablement l'office de plats, d'assiettes, de pots pour contenir les liqueurs; car on ne retrouve point en eux de signes qu'ils aient servi à cuire les aliments : ils sont ornés de bas-reliefs, de bordures élégantes, et portent tous la marque de la fabrique d'où ils sortent. La seconde espèce, moins soignée que la première, est d'une couleur cendrée et jaunâtre, sans sculpture, et seulement ornée d'un liseré. Les vases de cette matière n'ont de vernis qu'à l'extérieur; ils sont moins fins que les autres, et paroissent avoir servi de pots au feu, de casseroles. Ces deux espèces de poterie étoient très estimées des Romains, et se vendoient dans toute l'Italie; Martial en parle souvent:

Sume saguntino pocula ficta luto.
lib. XIV, ep. 108.

Ficta saguntino cymbia malo luto.
lib. VIII, ep. 6.

Le même poète, en parlant des présents qu'on avoit coutume de faire aux avocats, ajoute:

Et crasso figuli polita cœlo
Septenaria synthesis Sagunti
Hispanæ luteum rotæ toreuma.
lib. IV, ep. 46.

Pugna saguntina fervet commissa lagena.
JUVEN., *Sat.* V, v. 29.

pays de ces vases, eut lieu pour les sujets qu'ils représentent : Passeri[1] n'y voyoit que des noces, des préparations aux fêtes nuptiales, ou des cérémonies secrètes des mystères qui n'avoient guère pu être ainsi retracées[2]; Italinsky, qui vint après, passant d'un excès à l'autre, chercha dans les moindres figures quelque trace de l'histoire des républiques de la Grèce, et tomba dans des conjectures hors de toute vraisemblance; d'Hancarville, moins téméraire ou plus adroit[3], n'osa pas se prononcer : et en effet, son ouvrage, quoique très précieux pour la multitude des sujets qu'il renferme, ne contient rien qui tende à éclaircir les faits. C'est aux savants de nos jours à qui appartient la véritable critique de ces monuments; Winkelmann[4], Lanzi[5], Boettiger[6], Visconti[7], et derniérement Millin[8] dans le bel ouvrage de M. de Maisonneuve, ont beaucoup avancé la connoissance de cette branche importante de l'antiquité. Venus après ces savants, notre tâche sera plus facile pour l'explication de tous les sujets qui ont quelque analogie avec ceux qu'ils ont expliqués, plus difficile pour tous ceux qui s'en éloignent, parceque nos incertitudes contrasteront davantage avec des conjectures plus heureuses. Quoi qu'il en soit, nous nous permettrons d'exposer notre opinion avec franchise, et peut-être réussirons-nous à porter quelque nouvelle lumière dans cette carrière obscure. La science de l'antiquité consiste dans une suite continuelle d'observations, qui s'appuient l'une par l'autre; la découverte de chaque monument vient ajouter un anneau à cette chaine non interrompue; et il arrive un moment où l'on peut envisager dans son ensemble une branche entière de la science, et la classer avec méthode sans craindre d'être démentie par les découvertes postérieures. Nous sommes peut-être arrivés à ce point pour l'explication des vases peints, et l'observation suivie de ces monuments permet de les diviser en deux classes distinctes, du moins quant aux sujets qu'ils représentent. La première comprend les sujets ayant rapport aux anciens mystères, aux jeux et aux exercices

(1) Passeri, *Picturæ Etruscorum, in-fol.*

(2) Tischbein, seconde Collection d'Hamilton; Naples, 1791-1803, 4 vol. *in-fol.*

(3) D'Hancarville, *Antiq. étrusq., grecq. rom.,* 4 vol. *in-fol.*

(4) *Monuments antiq. inéd.,* t. I.

(5) *De' Vasi dipinti dissertazioni tre.*

(6) *Vasen-Gemælde,* 3 vol. *in-8°.*

(7) *Museo Pio Clementino,* et différentes dissertations.

(8) *Vases antiques,* publiés par M. Dubois-Maisonneuve, 2 vol. *in-fol.*

gymnastiques qui en faisoient partie, aux expiations, purifications, bacchanales, et à cette foule de pratiques secrètes appartenantes au culte de Bacchus, de Proserpine, de Cérès, et de Vulcain. La seconde comprend les peintures relatives aux temps héroïques ou fabuleux de la Grèce, tels que les travaux d'Hercule, les exploits de Thésée, de Pirithoüs et de Bellérophon, la conquête de Jason, la guerre des Amazones, le siége de Troie, les combats des Centaures, et par suite de ces événements les sujets mythologiques, et les apothéoses qui y ont rapport. On n'y voit jamais de sujets appartenants à l'histoire connue de la Grèce, malgré l'opinion de M. Italinsky. En effet, telle est l'imagination des hommes qu'elle aime à se créer une origine brillante, et autant par jalousie de ses compatriotes que par une sorte de mépris pour le temps où l'on vit, on veut remonter à une époque plus reculée, et ne se permettre d'admiration que pour les événements étrangers à la situation présente. Les Grecs, dont l'histoire étoit une suite continuelle de hauts faits, ne se sentoient point inférieurs à leurs pères; ils se seroient trouvés humiliés de leur rendre un hommage trop éclatant; ils avoient besoin de porter plus haut leur culte, et de se composer une histoire primitive dont les héros fussent supérieurs à l'humanité, et dignes d'être réunis aux dieux mêmes. De là ces temples, ces statues, consacrés à des mortels courageux, dont les prouesses se trouvoient retracées sur les monuments, et mêlées aux récits des historiens les plus graves[1]. L'importance que les Grecs donnoient à la connoissance des mystères provenoit d'une cause à peu près semblable : les divinités populaires chez eux, telles que Jupiter, Junon, Mars, Neptune, représentoient bien pour la classe commune des divinités réelles; mais pour les gens instruits, elles désignoient seulement les différentes puissances de la nature, le principe des choses, et l'ensemble de l'univers[2]. Différents en cela des peuples modernes, qui soumettent les objets physiques à la théologie, les anciens cherchoient leur culte dans le système général du monde[3], et

---

[1]   *Quidquid Græcia mendax*
Audet in historia.
[2] S. Augustin, *de Civit. Dei,* lib. VII, cap. xx; Clément d'Alexandrie, *Stromat.,* lib. V, p. 675, 688 et 689; Eschenbach., *de Poesi orphica,* p. 11; Villoison, *de Mys. vet. com.,* dans l'ouvrage de M. de Sainte-Croix, p. 229.

[3] D'Olivet, *Théologie des Philosophes grecs,* p. 226 et 302. Le savant Olearius prétend avec raison que le poëte Hésiode, dans sa *Théogonie,* n'a fait que présenter les objets principaux de la nature sous la forme des dieux : *De principio rerum naturalium ex mente Heracliti,* p. 852; et avant lui, Diaconus, *de Hes. theog.,* p. 229.

dans l'observation des lois de la nature. La philosophie avoit précédé chez eux la religion, et devoit lui survivre, parceque celle-ci ne consistoit que dans des images et des noms. Cette philosophie secrète, et qu'il eût été dangereux d'apprendre au peuple[1] ou aux enfants, comme le dit S. Augustin, formoit le fond des mystères et des secrets qui étoient révélés aux initiés. A peine les jeunes gens avoient-ils revêtu la robe virile, que leurs pères s'empressoient de les faire participer à ces connoissances importantes, qui seules les rendoient dignes d'occuper un rang distingué dans la société : c'est par là qu'ils apprenoient les traditions mystiques transportées d'Egypte en Grèce par les premiers législateurs[2], par les conquêtes de Sésostris[3], et les préceptes d'Orphée[4]; traditions qui renfermoient l'origine du pouvoir religieux, les idées primitives sur la naissance du monde, sur le sort des ames après la mort, et principalement sur les avantages et les récompenses de la vertu. A ces notions se mêloient l'explication du culte des Cabires, des Dioscures, des dieux de Samothrace, l'histoire des Pelasges, etc.

Au plaisir naturel à l'homme d'être instruit des choses secrètes, se mêloit, pour les initiés, une sorte d'orgueil que leur donnoit la supériorité qu'ils acquéroient par là sur les autres hommes, et la satisfaction plus grande encore de parvenir à une haute perfection. En effet, avant de participer aux mystères, il falloit prouver qu'on n'avoit jamais commis de crimes, que l'on avoit vécu avec honneur, et que le cœur n'étoit accessible à aucune passion honteuse[5] : les lumières qu'on recevoit tendoient encore à élever l'ame, à rectifier le jugement, à diriger le cœur vers des actions louables, et à donner, pendant cette vie, l'espoir d'une vie plus heureuse encore[6]. Le bonheur des initiés est peint par les anciens, comme celui des élus l'a été depuis parmi nous[7]. Qui pourra s'empêcher, dit Proclus[8], de convenir que les mystères et les initiations ne retirent les ames de cette vie matérielle et mortelle pour la réunir aux dieux? Le soleil luit pour nous seules,

(1) S. Augustin, *de Civit. Dei*, l. VI, c. iii; Cicéron, *Tuscul.*, l. I, c. xii, ep. 13; *de nat. Deor.*, l. I, c. xliii.

(2) Les histoires de Cérès, de Pluton, et de Proserpine, sont les mêmes que celles d'Osiris, d'Isis, et de Typhon, ainsi que les cérémonies qui avoient lieu dans leur culte : Plutarq., *de Is. et Os.*, 27.

(3) Hérodote, lib. II.

(4) Diodore, lib. I, 96; lib. III, 69.

(5) Porphire, *fragm. de styge ap. stobæum*, lib. I, p. 142.

(6) Isocrat., pag. 90; Cicer., *de Leg.*, lib. II, 14; Arist., *Eleus.*, 259; *Ant.*, I, ep. 28.

(7) Æscu., *de Morte*, p. 61.

(8) Procl., *ad Platon. polit.*, p. 309.

chantoient, les bacchantes[1]; nous qui, admises aux mystères, observons les règles de la piété dans notre conduite avec les étrangers et avec nos concitoyens. On conçoit que de pareils souvenirs fussent chers aux initiés, et qu'ils aimassent à en posséder l'image dans leur demeure : aussi les vases paroissent-ils leur avoir été spécialement consacrés ; ils étoient sans doute donnés en présents aux jeunes gens par leurs parents au moment où ils subissoient les différentes épreuves et avançoient dans les grades de leur initiation : ces présents étoient semblables aux étrennes que l'on donne aux enfants et aux prix qu'on remporte au collége. Ces vases ne servoient à aucun usage domestique, c'est pourquoi ils nous parviennent dans une si belle conservation : ils étoient gardés soigneusement dans quelque partie retirée des édifices pendant la vie des initiés, et déposés dans leur tombeau à leur mort, comme la chose la plus précieuse qui pût leur appartenir, et une sorte de secret qui devoit mourir avec eux. En effet, la plus grande partie de ces vases représentent des scènes relatives aux mystères, non sans doute les plus secrètes, puisqu'il étoit défendu de les révéler[2], mais celles qui se trouvoient y avoir un rapport immédiat, et que les profanes même connoissoient[3]; telles que les purifications qui précédoient ou suivoient[4] toutes les cérémonies et les actions importantes[5] de la vie; telles que la présentation aux hiérophantes, et l'introduction dans le sanctuaire, qui me semblent exprimées par les figures à manteau, sur lesquelles on a fait tant et de si inutiles conjectures[6]. Cette

(1) Aristoph., *Ran.*, v. 457.

(2) La tête de Diagoras fut mise à prix, parcequ'il avoit révélé l'objet secret des cérémonies de Cérès, et s'étoit permis des plaisanteries à ce sujet : Aristoph., *Aves.*, v. 1073; Suid., *in V.* Διαγορας.

Alcibiade, accusé d'avoir représenté dans le poecile les mystères d'Eleusis, et d'avoir fait les fonctions d'hiérophante, fut traduit au tribunal des Eumolpides, et ne fut absous que long-temps après : Plutarq., *vie d'Alcibiade*. Le poëte Eschyle, également poursuivi pour avoir, disoit-on, présenté sur la scène des objets mystérieux, ne put se justifier qu'en prouvant qu'il n'étoit pas initié : Clément d'Alex., *Strom.*, lib. II, p. 461.

(3) Diodore de Sicile dit qu'il n'étoit défendu de révéler que les détails de chaque mystère: lib. III, 62; et Sénèque compare la philosophie à l'initiation, dont une partie seulement étoit réservée aux adeptes, mais le reste connu des profanes : Senec., *ep.* XCV; Sainte-Croix, *Myster. du pagan.*, pag. 341.

(4) Avant l'entrée au temple : Eurip., *Son.*, v. 94; les sacrifices : Homère, *Il.*, A, v. 449; et même les simples prières : Sophocl., *OEd.*, col. 460; Eurip., *Alcest.*, 157; Clém. d'Alex., *Strom.*, lib. VI; Lomeier, *de lustrationibus*, p. 152.

(5) Pausanias, *Cor.*, c. xxxi, p. 185; Athen., XV, p. 681; Pollux, VIII, 7, 65.

(6) D'après les savantes observations de MM. Lanzi et Visconti, on est convenu de ne plus voir dans ces figures ni les candidats à la charge d'archonte, comme le vouloit Italinski avec peu de fondement, ni les jeunes gens prenant la robe virile et initiés aux mystères, suivant Passeri, ou des spectateurs et autres sujets insignifiants, comme le pensoit M. Boettiger; mais bien les exercices du gymnase, et la réunion des élèves et des maîtres, qui portoient en effet des manteaux semblables, et avoient dans leurs séances un maintien grave. Les vases peints, disent les savants qui partagent

opinion permet plus qu'aucune autre de trouver un rapport entre les revers des vases et leur sujet principal; elle explique les différentes attitudes de ces figures singulières, les raisons pour lesquelles on leur voit souvent à la main des thyrses, des œufs, symbole de la pureté d'ame que l'on devoit apporter aux mystères, et qui ne peuvent avoir rapport à d'autre sujet. Cette opinion se trouve fortement appuyée par plusieurs vases de la collection que nous publions, et nous aurons occasion de la développer dans le cours de cet ouvrage.

Les vases sont peints de plusieurs manières qui caractérisent leur degré d'ancienneté; ceux qui paroissent remonter aux siècles les plus éloignés, soit par la roideur de leur contour, soit par la simplicité de leur action, ont un fond clair, et les figures peintes en noir; le trait des vêtements, des armures, est exprimé légèrement avec la même couleur qui forme le fond du vase : quelquefois ces traits sont blancs, et alors les chairs et différentes parties des ornements le sont également. Souvent le fond du vase est noir, et une partie seulement est réservée en clair; les figures sont

cette opinion, étoient donnés aux jeunes gens, pendant le cours de leurs études; ils représentoient des sujets intéressants de l'histoire héroïque, des victoires dans les jeux qui pouvoient exciter leur cœur à la vertu. Ces petits monuments leur rappeloient le souvenir de leur enfance; ils étoient conservés par eux avec soin, et les accompagnoient dans la tombe. Sans doute cette explication est ingénieuse, je pense même qu'elle est souvent applicable; mais il est prouvé, surtout par la collection du comte de Lamberg, qu'il est bien des cas où elle n'est point admissible. Comment, par exemple, attribuer à l'intérieur du gymnase, et aux exercices qu'on y faisoit, ces revers des vases qui représentent un jeune homme offrant un œuf lustral, symbole uniquement consacré aux mystères, un autre tenant un strigile, une couronne de bandelettes, et plus souvent un bâton? comment expliquer les femmes qui s'y trouvent dans les mêmes positions? Mais cette explication devient encore plus difficile, lorsque de l'autre côté des vases on retrouve ces mêmes jeunes gens avec leurs bâtons, et les femmes avec les draperies ornées de la même manière, et prenant part à une action tout à fait étrangère à des exercices gymnastiques. Il me semble qu'il faut alors chercher à ces figures une autre intention, et celle qui me paroît leur convenir davantage est la cérémonie de la purification, *lustratio*. La manière dont les jeunes gens tiennent le manteau, et la canne qu'ils portent la plupart, et qui se retrouve sou-

vent de l'autre côté du vase entre les mains de plusieurs initiés, est sans doute un signe de respect et d'humilité convenable au rôle qu'ils jouent, et à la cérémonie à laquelle ils se soumettent. Alors on conçoit pourquoi quelques unes de ces figures tiennent des œufs, signe particulier de l'expiation, et qui représente la pureté morale que l'on cherche; il en est de même du strigile, de la couronne de myrte, et des bandelettes. Il est alors tout simple que plusieurs jeunes gens se voient à la file l'un de l'autre; que des femmes y figurent dans les mêmes attitudes, ces cérémonies étant communes aux deux sexes. Sans doute les représentations dionysiaques que l'on remarque sur les vases ne sont pas réellement les grands mystères, qu'il n'eût pas été permis de livrer ainsi à la curiosité; mais il faut pourtant convenir que les trois quarts des vases ont un aspect mystique qui ne peut avoir rapport qu'à la philosophie occulte des anciens; et si véritablement leurs peintures ne retracent point les cérémonies cachées, au moins pouvoient-elles indiquer, ainsi que nous l'avons dit plus haut, les démarches préparatoires qui étoient connues de tout le monde. Il est d'ailleurs vraisemblable, d'après la belle conservation des vases que l'on déterre, que même, du temps de la vie de leur propriétaire, ils étoient renfermés dans un lieu caché, et séparés de la vue des profanes; alors rien ne s'opposoit à ce qu'ils ne représentassent une grande partie des cérémonies particulières aux initiations.

alors tracées en noir sur cette partie réservée. Cette espèce de vase est
fort rare, et même dans la belle collection que nous publions on en voit
peu : ceux que nous regardons comme les plus anciens, après ceux-ci,
sont les vases à fond noir, mais dont les figures sont peintes de différentes couleurs, et ont entre autres des teintes de pourpre tirant sur le
violet que l'on remarque fréquemment sur les vases à fond clair. Après
ces vases ainsi bariolés, et qui sans être d'un contour très pur sont en
général intéressants pour les sujets qu'ils représentent, viennent les vases
les plus nombreux, c'est-à-dire ceux à deux couleurs seulement, et dont
le noir fait le fond. Parmi ceux-ci se rencontrent les peintures les plus par-
faites; il est quelques uns de ces vases dont la légéreté est inconcevable, le
vernis superbe, le contour des figures d'une hardiesse et d'une expression
étonnantes : mais il en est d'autres, et le plus grand nombre, d'un travail
fort grossier; ces derniers, qui montrent ou la décadence de cet art, ou la
médiocrité des fabriques auxquelles ils appartenoient, sont formés d'une
sorte de pâte épaisse, peinte avec négligence et incorrection : ils ne représentent plus de traits d'histoire ou de mythologie, mais de simples ornements avec quelques figures ayant rapport aux fêtes de Bacchus; plus
souvent des enroulements communs avec des têtes au milieu, ou quelques
animaux. Nous nous étions proposé de classer suivant cet ordre la collection que nous publions, mais nous y avons trouvé beaucoup d'in-
convénients; d'abord celui de fatiguer le lecteur par une suite de tableaux
sévères des premiers temps, et en second lieu de fixer, sans aucune certitude, une époque à des monuments sur lesquels on n'a que des notions
bien vagues. En effet, les règles que nous venons d'indiquer, pour classer
les vases, sont loin d'être absolues, attendu le changement qu'éprouvoient
les différentes fabriques, et la nature des ouvrages qu'on y exécutoit; il
est vraisemblable qu'on fabriquoit en même temps de très belles choses
à côté d'autres fort communes, destinées à être vendues à des personnes
moins riches: quelquefois on trouve dans le même tombeau de très beaux
vases et d'autres fort inférieurs, qui sans doute avoient été des présents
donnés par des personnes subalternes. Sans prétendre donc établir pour
les vases une chronologie bien exacte, nous nous bornerons à faire remarquer à chacun les signes qui caractérisent leur plus ou moins d'anti-

quité. Le travail de ces vases se faisoit très rapidement, et c'étoit là sans doute le principal talent des artistes qui se consacroient à ce genre de peinture. On remarque dans tous, même dans les plus mauvais, une grande franchise, et ce qu'on appelle des traits au premier coup : il paroit même que les artistes ne cherchoient point à se corriger quand ils avoient fait un trait incorrect; ou ils le laissoient subsister, ou ils en ajoutoient simplement un autre à côté, qui étoit suivi par la personne chargée de faire les fonds; c'est ce qu'on remarque dans plusieurs vases, où le premier contour a été recouvert. Les incorrections proviennent donc principalement de cet artiste secondaire qui terminoit l'ouvrage, ou de l'action du feu qui faisoit déborder la couleur. Il est vraisemblable que la couleur noire étoit toujours superposée, même dans les vases à fond clair, et rien n'annonce qu'on se servit pour cela de découpures, comme l'avoient pensé plusieurs savants.

Les premières collections qui furent publiées furent celles du chevalier Hamilton; car je ne regarde pas comme collection les vases que l'on rencontre dans Dempster, Caylus, Gori, Montfaucon, Winkelmann, et même Passeri. Les deux ouvrages d'Hamilton attirèrent l'attention des savants et des hommes de goût : mais le premier ne satisfit pas sous le rapport de l'exactitude des couleurs et de la pureté du dessin; l'autre, gravé par M. Clener, artiste habile, tombe peut-être dans l'excès contraire; il est souvent au delà de cette même pureté, et donne une idée fausse de la plupart des vases en les embellissant. On pourroit peut-être faire le même reproche à l'ouvrage de M. de Maisonneuve, que le même Clener a gravé en entier : cet artiste a un talent particulier pour ce genre de travail, son burin a une singulière pureté, et il donne à ses figures une grace et une expression remarquables; mais son goût pour le style pur et pour le beau l'entraine quelquefois trop loin : en lui donnant à graver la plus grande partie de notre collection, nous avons exigé de lui une extrême fidélité, et il n'a pas eu de peine à s'y astreindre ayant des dessins exacts sous les yeux. Il existe encore plusieurs collections inédites en Europe, telles que celles de Vivenzio à Nola, de MM. Tochon et Alquier à Paris, de M. Hope à Londres, celles des cabinets de Dresde, de Vienne, etc.; mais il n'en est aucune aussi considérable, aussi riche, et aussi intéres-

sante que celle du comte de Lamberg. Ce seigneur étoit ambassadeur à
Naples en même temps que le chevalier Hamilton, et partageoit sa passion
pour ces sortes de monuments; il fit même entreprendre plusieurs fouilles
à ses frais, et réunissant à ce qu'il avoit acquis, beaucoup de vases magnifiques qui lui furent donnés en présent par la reine de Naples et par
l'empereur Joseph, il composa une collection de plus de cinq cents vases,
tous curieux sous quelque rapport, et importants par leur réunion. Les
comtes de Lamberg sont fort anciens; ils ont fourni à la monarchie au-
trichienne un grand nombre de militaires et d'hommes d'état distingués.
Aux vertus de ses ancêtres, le comte de Lamberg actuel joint un goût
éclairé pour les arts; une partie de sa fortune et de son temps leur est
consacrée: son cabinet de tableaux et de dessins est fort important; mais
ce qu'il a soigné de préférence est la belle collection de vases qu'il nous
a permis de publier. Les soins qu'il apportoit lui-même à suivre les
fouilles, près de Naples, lui ont fait faire plusieurs observations curieuses.
Un savant qui l'accompagnoit, et qui participoit à ses travaux, M. l'abbé
Mazzola, a bien voulu réunir les principales de ces observations, et nous
les communiquer sous la forme d'une lettre: nous pensons que le lecteur
nous saura gré de les lui faire connoître.

Monsieur,

En causant dernièrement ensemble sur les vases, communément appelés étrusques, nous étions
du même avis que leur antiquité devoit être très reculée, puisque, selon Suétone et quelques autres,
ils étoient déjà du temps des Romains des objets rares et curieux; et cela est d'autant plus probable qu'il ne s'en est pas trouvé de fragments dans les cités de *Stabia*, *Pompeia*, et *Herculanum*,
toutes villes détruites du temps de Pline: on n'en rencontre même point dans les nombreuses
fouilles faites soit à Rome, soit dans les campagnes environnantes. Mais je pense que ces sortes de
vases sont encore plus anciens qu'on ne le croit communément, d'après ce que j'ai vu et observé
dans les fouilles qu'a fait faire M. le comte de Lamberg, dans le voisinage de Nola, lorsqu'il étoit
ambassadeur d'Autriche à Naples, et particulièrement dans les années 1783 et 1784; j'en concluois,
comme j'ai eu l'honneur de vous le dire, que ces monuments étoient antérieurs à la prétendue
existence d'Homère, c'est-à-dire qu'ils remontoient à plus de trois mille ans, et cela en calculant la
profondeur où ils se trouvent, et surtout la variété des différentes couches de terre à travers lesquelles on doit passer pour arriver à l'endroit où sont enterrés les morts, et auprès d'eux les vases.

Quelques unes de ces couches sont postérieures à l'inhumation des cadavres, et conséquemment
bien des siècles avant Homère: quand ce poète parle de la *Campagna felice*, il la cite comme un
pays très fertile, et tous ceux qui en ont parlé depuis ont dit la même chose. Si donc depuis le temps
d'Homère jusqu'à nos jours la Campanie a toujours passé pour un pays fertile, il en résulte la con-

séquence que le sol que nous habitons est absolument le même que celui que l'on habitoit et que l'on cultivoit du temps de ce poëte. Mais, cependant, depuis l'inhumation des morts avec leurs vases, il paroît qu'il a dû arriver dans la plaine de cette province une révolution telle qu'elle est devenue pendant long-temps stérile et inculte, et cela certainement bien des siècles avant Homère, quoiqu'aucune tradition historique ne nous parle d'une pareille stérilité : voici sur quoi je fonde cette conjecture. J'ai dit plus haut que pour arriver où se trouvent les vases, on doit traverser divers lits de terre : le premier a environ cinq palmes napolitains de haut (ces mesures ont été prises à l'œil); il est de terre noire, végétale, et très fertile. Cette couche de bonne terre étant enlevée, on trouve une seconde couche de deux palmes de haut environ de terre blanchâtre, appelée par nos paysans *terra maschia*, qui est un composé de terres sablonneuses et de très petits fragments de pierre ponce; cette couche est tellement dure, compacte, et solide, qu'elle se creuse avec peine, qu'elle est impénétrable à l'eau, et qu'elle sert à établir les fondements de nos édifices. Cette couche-là levée, on en découvre une troisième, de trois palmes, de terre noire, excellente, et d'une qualité aussi bonne que la terre de la première couche; c'est au dessous de cette troisième couche que l'on trouve les squelettes des morts entourés de vases. Cette troisième couche est vraisemblablement celle qui étoit habitée et cultivée par les peuples qui avoient coutume d'ensevelir leurs morts avec les vases en question; et les deux couches précédentes et supérieures, c'est-à-dire celles de *terra maschia* et de la bonne terre que nous habitons actuellement, se seront formées postérieurement à l'enterrement des morts. Toutes ces couches, sans interruption aucune, forment la plaine de la campagne heureuse. La couche de *terra maschia* est stérile au point qu'en faisant des fouilles nos paysans font attention de ne point la mêler avec la bonne terre pour ne point diminuer pour quelque temps sa fertilité. Il me paroît donc hors de doute qu'aussitôt après la formation de ce lit par alluvion (comme je le crois), ou par toute autre cause, la plaine de cette province a dû pendant des siècles devenir inhabitable, inculte, et stérile, jusqu'à ce que la terre végétale, dont nous jouissons à présent, se soit formée sur une hauteur suffisante; il a fallu sans doute plus d'un siècle pour en former un seul pouce : aussi le sol de la terre ne s'est-il pas élevé de plus d'un pied et demi depuis le temps des Romains jusqu'à nous, puisque les fondations de leurs édifices reposent sur les mêmes bases que les nôtres. Considérez, d'après cela, combien de siècles ont dû s'écouler jusqu'à ce que le lit de la terre que nous habitons se soit formé : assurément cette époque surpasse de bien long-temps l'antiquité *homérique*.

A cette antiquité antérieure au temps d'Homère, on pourra m'opposer la quantité de sujets retracés dans les chants de ce poëte, et représentés sur les vases; mais il faudra me prouver d'abord que la mythologie d'Homère étoit une invention de son génie et ne provenoit pas de tradition encore plus ancienne. Homère en effet ne fit autre chose que de réunir les idées mythologiques qui étoient reçues de son temps, ainsi que les faits des héros plus anciens; il les orna de descriptions poétiques, les habilla à sa manière, et leur donna une forme et une vie nouvelles, comme le font encore les poëtes de nos jours. D'ailleurs, combien de sujets se trouvent représentés sur les vases, et dont Homère ni d'autres écrivains ne font point mention; comme, par exemple, le combat de Neptune avec Ephialtès, que j'ai eu l'honneur de vous faire voir, et qui fait partie de la collection de M. le comte Lamberg. Qui auroit jamais pu deviner ce sujet, si les noms de *Poseidon* et *Ephialtès* ne s'y trouvoient écrits? Ce sujet devoit cependant avoir quelque célébrité dans le temps où l'on fabriquoit ces vases, puisqu'il se retrouve sur un autre vase de la même collection, quoique traité différemment; ce second Neptune est revêtu d'un habit court, tandis que le premier porte la tunique longue, *tunica talaris*. J'ai dit, je crois, que le lit de *terra maschia* s'est formé par le séjour de l'eau, et ce qui le prouve, c'est que ce lit se trouve étendu également sur toute la plaine de la province, et qu'il n'existe point sur les montagnes, comme j'ai eu occasion de l'observer dans les fouilles faites à *Avilla*, à une demi-poste de Nola. Ce lit ne peut provenir d'explosions volcaniques;

car alors il ne seroit pas égal partout, et on devroit trouver sur les montagnes voisines une couche correspondante, tandis qu'au contraire on ne rencontre au dessous de la terre végétale qu'une couche de pierre ponce qui correspond au quatrième lit de la plaine, ainsi qu'il existoit sans doute avant la formation des deux couches supérieures. C'est ce qui fait que lorsque l'on fouille pour trouver des vases, si après avoir enlevé le lit de *terra maschia*, et découvert la terre végétale, on voit que cette dernière n'est pas mêlée avec les petites pierres ponces, qui forment le quatrième lit dont nous avons parlé, il est inutile de poursuivre la fouille, parcequ'on ne trouvera point de squelettes humains, et conséquemment point de vases, surtout si sous ce lit de pierres ponces, que l'on sait être une production volcanique, on n'en trouve pas un autre de pouzzolane[1].

On me demandera, j'imagine, d'où vient que du temps des Romains ces vases étoient tellement rares qu'ils étoient plus estimés que les vases *murrins*, et qu'à présent ils sont très abondants. Il me paroît facile de répondre pour peu que l'on fasse attention à la manière de bâtir d'alors : les toits des maisons étoient couverts de briques de terre cuite, et nous nous les couvrons avec un composé de pierres ponces et de chaux qui forme un enduit impénétrable à l'eau; nous nous servons encore de la pierre ponce pour enduire les citernes et les conserves d'eau, et les Romains, pour pareil usage, se servoient de chaux et de petits morceaux de terre cuite, comme je l'ai observé dans la *piscina mirabile*, et dans d'autres conserves d'eau, et particuliérement dans l'île de Caprée, où il s'en trouve qui conservent encore parfaitement l'eau. D'après cela, il paroît que les Romains ne se sont jamais servis de la pierre ponce, qui, étant devenue pour nous d'une absolue nécessité, fait que nous l'avons cherchée partout, et que nous avons découvert en même temps les vases.

Dans les observations précédentes, j'ai omis de vous parler d'aucun tombeau; et en effet, la plupart des squelettes sont enterrés simplement dans la terre sans aucune construction. Je n'ai trouvé qu'un seul tombeau construit en petit mur fabriqué; il étoit suffisamment grand, et dans l'intérieur il avoit un enduit blanc, excepté du côté où étoit la tête du squelette : on y voyoit une femme peinte à moitié stature; elle avoit dans la main une grenade rouge, sa figure étoit couleur de chair; l'habit, autant que je puis m'en souvenir, d'un jaune obscur. Le tombeau renfermoit de plus d'autres pommes de grenade en terre cuite, deux bracelets de laiton ou de cuivre jaune, que je conserve encore, et quelques petits morceaux d'ambre percés; peut-être étoit-ce les fragments d'un collier : l'enduit étoit extrêmement mou et tendre, et cédoit au moindre toucher. On fit l'impossible pour conserver cette peinture, mais inutilement, parcequ'à mesure qu'elle se desséchoit l'enduit disparoissoit, ainsi que les signes des contours, et il n'y eut pas moyen de faire revivre les couleurs. Dans une autre fouille, nous trouvâmes une enceinte de muraille construite, et nous en découvrîmes presque deux toises en carré; elle étoit remplie d'ossements jetés confusément. Du reste, comme je l'ai déjà dit, on trouve les squelettes simplement enterrés dans la terre, et les vases sont placés aux pieds, près des jambes, autour de la tête, et aux côtés.

J'ai encore observé, et cela très souvent, un petit tas de rouille de fer sur les têtes des squelettes, tantôt sur le front, sur la bouche, ou sur le menton, et je fus long-temps à comprendre d'où pouvoit provenir cette rouille de fer. En examinant avec plus d'attention un de ces tas, où le fer n'étoit pas totalement décomposé, je parvins à découvrir que c'étoit une boucle, et il me vint à ce sujet une idée que je soumets à votre sagesse.

Comme on l'a vu, les anciens habitants de cette province enterroient leurs morts purement et simplement dans la terre sans sépulcre : ne se pourroit-il pas qu'ils les eussent enveloppés d'abord dans un drap, ou mis dans un sac, dont ils fermoient l'ouverture avec une boucle, et qu'après avoir étendu le cadavre sur le dos dans la fosse, ils eussent replié sur la tête toute la partie du sac qui surpassoit la longueur du mort; alors les sacs ou les morts n'étant pas d'une longueur égale, il en

---

[1] Le mélange de pierre ponce avec la terre vient de ce qu'en faisant la fosse, la pierre ponce, remuée et rejetée de nouveau, se trouve mêlée avec la terre; et cela indique que l'on trouvera un corps enseveli.

devoit nécessairement résulter que la boucle devoit tomber ou plus haut ou plus bas que le front. A *Avilla*, ou à *Santa Agata dei Goti*, et peut-être ailleurs, on ne trouve point de squelettes enterrés dans la terre; ils sont tous renfermés dans des sépulcres: ces sépulcres sont rarement de brique ou terre cuite, mais d'une pierre de production volcanique, que nous appelons *piperno* ou *pierre travertine*. A Santa Agata, il arrive souvent, qu'après avoir enlevé le premier tombeau, il s'en trouve un autre, et puis un troisième plus avant; de sorte que les ouvriers aux fouilles ont une longue tarière avec laquelle, après qu'ils ont enlevé le premier sépulcre, ils percent la terre jusqu'à une certaine profondeur: ne rencontrant aucune résistance, ils fouillent plus avant; mais si la tarière rencontre quelque obstacle et ne peut plus s'enfoncer, c'est signe qu'il y a un autre tombeau.

Dans le second volume des œuvres de d'Hancarville, sur les vases du chevalier Hamilton, page 53, on voit représenté un tombeau avec un squelette et un vase. De quel lieu a-t-on pu tirer cette représentation? Je n'en sais rien; mais je sais bien que les sépulcres que j'ai vus à Avilla et à *Santa Agata dei Goti* n'étoient pas aussi grands; ils étoient seulement suffisants pour recevoir de grands vases à *campana*, qui paroît avoir été la forme favorite d'Avilla et de Santa Agata. Cette forme de cloche, à ma connoissance, manque totalement à Nola et à Capoue, où domine au contraire la forme à *lancella*, qui présente souvent de très beaux vases, tant par la finesse de l'argile que pour le vernis et le dessin

Voilà à peu près les observations qu'il m'a été possible de faire sur les fouilles de Nola et des environs; elles tendent toutes à me persuader que les vases, communément nommés étrusques, remontent à l'antiquité la plus reculée, puisqu'on ne trouve ni mémoire ni tradition aucune de l'époque où ils ont été fabriqués.

Vincenzo MAZZOLA.

Nous laissons aux physiciens à juger jusqu'à quel point les conjectures de M. l'abbé Mazzola peuvent être fondées; mais, sans recourir même à de pareils arguments, il est impossible de douter que les vases n'appartiennent au temps le plus reculé de la Grèce: ils ont les mêmes formes que les vases représentés sur les médailles anciennes de Crotone, de Sybaris, et de Posidonie, et offrent des sujets uniquement pris dans les traditions historiques ou mythologiques de la Grèce. Les inscriptions qu'ils portent sont toutes du grec le plus pur, et souvent de cette écriture primitive qui alloit de droite à gauche, et qui ne se rencontre que sur les plus anciens monuments. Nous ne nous étendrons pas davantage sur l'origine, la forme, et la destination des vases, ce sujet ayant été traité avec beaucoup de détail et de soin par les auteurs dont nous avons parlé, et ne demandant plus que d'être appuyé par de nouveaux exemples. Sur les cinq cents vases qui composent la collection du comte de Lamberg, nous avons choisi ceux qui offroient le plus d'intérêt, soit sous le rapport des sujets qu'ils représentent, soit pour le caractère du dessin, ou la beauté de la matière et des formes. La gravure au lavis, qui n'avoit

INTRODUCTION.

point encore été employée à la publication de ces monuments, nous a paru la seule qui puisse en donner une juste idée, et produire cette teinte égale dans les fonds que l'on ne peut obtenir par les couleurs appliquées à la main. Les monuments de l'antiquité sont trop précieux pour qu'on ne cherche pas à retracer leur moindre détail. Puissions-nous avoir atteint ce but, et avoir mérité d'être imité par les amateurs des arts qui publieront par la suite des collections encore inédites, et augmenteront ainsi les connoissances déjà acquises sur cette branche importante de l'antiquité.

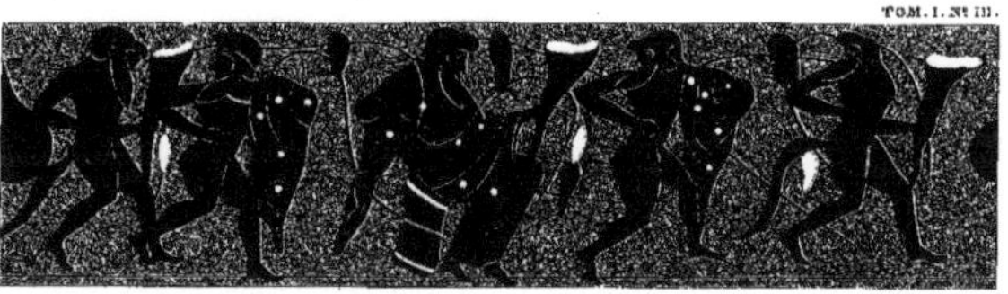

DESCRIPTION DES VASES.

PLANCHE PREMIERE.

INTÉRIEUR DU MUSÉE DE M. LE COMTE DE LAMBERG.

On a souvent remarqué que l'assemblage de tableaux et de statues dans une même galerie produisoit un constraste défavorable aux uns et aux autres; comparés involontairement, les tableaux semblent manquer de relief, les statues de couleur et d'action. Il en est de même des vases peints, et de toute branche particulière d'antiquité que l'on voudra confondre avec d'autres; elle perdra cet ensemble, cette idée d'ordre et de classement qui a toujours de l'intérêt. La collection magnifique de M. le comte de Lamberg est rangée avec goût dans plusieurs fort belles salles, dont la principale est représentée sur cette planche. La disposition des vases rend faciles l'étude et la comparaison de ces précieux monuments, et rappelle même, sous ce point de vue, leur ancienne situation; car, ainsi que nous l'avons observé, un des côtés des vases, destiné à faire face à la muraille, présentoit rarement une peinture intéressante.

PLANCHE II.

Ces deux beaux vases sont de la même grandeur que les originaux; ils font connoître deux époques de l'art tout à fait différentes. Le premier, par sa forme simple, sa couleur, et le style des figures, rappelle, sinon l'enfance du moins le temps de l'art qui précéda sa perfection; période où une simplicité noble, sévère, et quelquefois même un peu barbare, tenoit lieu de la grace et de l'harmonie qui distinguent les ouvrages des siècles suivants. Ce vase offre la forme primitive de l'œuf, auquel on n'a fait qu'ajouter au col une légère inflexion en le soutenant par deux anses communes et petites : point d'entourage au sommet, ni de méandre dans le bas ; et cependant une riche bordure, et un double sujet qui montre que ce vase avoit été fait avec grand soin, et devoit être d'une grande valeur. Il a été trouvé en Sicile, et nous expliquerons à la planche suivante le sujet qu'il représente. Le vase n° 2 est aussi riche, aussi élégamment orné que puisse être un semblable ouvrage ; ses anses sont garnies de boutons disposés avec art, qui prouvent le soin qu'on avoit apporté à son exécution. Le sujet qu'il représente est de peu d'importance : c'est un satyre qui offre à un autre la coupe bachique ; celui-ci est assis sur une espèce de cippe pour montrer sa supériorité : derrière lui est le *gratus iacho crater*[1], dans lequel il a puisé la liqueur qu'il présente à l'autre satyre. Cette peinture, qui appartient au meilleur temps de l'art, retrace vraisemblablement le tableau décrit par Pausanias, où un satyre offroit à Bacchus un semblable vase plein de vin[2]. Le champ est rempli d'ornements délicats qui lient agréablement la composition ; la couronne de myrte, à gauche, quoique fort en usage dans les bacchanales, est ici moins une attribution du sujet qu'un moyen inventé par l'artiste pour remplir l'espace qui se seroit trouvé entre les figures ; il en est de même du thyrse que tient le satyre à droite. Quand on remarque sur les vases ces sortes de finesses de détails, et que du reste les figures sont d'un dessin correct, on peut hardiment les rapporter au plus beau temps de l'art.

PLANCHE III.

La face principale du vase n° 1 nous offre un guerrier dans un char, ayant à sa droite, comme c'étoit l'usage, son écuyer, ἡνίοχος, ou *armiger*[3], qui conduit ses chevaux ; il est entouré de ses femmes ou de captives, et précédé d'un enfant nu. Nous croyons reconnoître dans cette peinture le départ de Memnon pour le siége de Troie. On sait de quelle réputation jouissoit ce prince, dont l'arrivée et les exploits balancèrent quelque temps la fortune des Grecs, et retardèrent la prise de la ville[4] : plusieurs monuments nous le représentent dans diverses circonstances, entre autres le beau vase grec où l'on reconnoît son combat avec Achille[5].

(1) Manilius, *Ast.*, lib. I.

(2) Pausanias, *Attiq.*, lib. I, c. xx.

(3) . . . . . *equorum agitator Achillis*
Armiger Automedon. Virg., *Æn.*, II, v. 476.

(4) Homère, *Il.* ; Quintus de Smyrne, *Paralip.*, II, 234 ; Ovid., *Metam.*, 13. On connoît toutes les merveilles attribuées à la statue de Memnon.

(5) Millin, *Peint. antiq.*, t. I, pl. XIX, XX.

Pausanias, en décrivant les peintures de Polygnote dans le Lesché, dit que cet artiste avoit représenté Memnon avec une grande barbe, et qu'il avoit placé près de lui, pour le mieux faire reconnoître, un jeune Éthiopien entiérement nu[1]. Ce sujet est répété sur notre vase; on y voit Memnon armé en guerre, portant la barbe, et précédé d'un jeune homme nu; circonstance qui ne peut s'appliquer qu'à ce seul sujet. Pausanias ajoute que ce prince partit de Suse pour le siége de Troie, et soumit à son empire toutes les nations qu'il trouva sur son passage[2]; c'est ce qui me semble indiqué par les figures à pied qui précèdent ou accompagnent le char, comme pour orner une marche triomphale. Les deux côtés du vase représentent le même sujet; mais dans l'un les figures ne sont point armées, et l'artiste a peut-être voulu indiquer par là l'arrivée de Memnon à Suse, tandis que sur l'autre face il a figuré son départ pour la guerre de Troie. Memnon dans le dernier a la tête couverte d'un de ces casques surmontés d'aigrettes[3] rouges, que l'on rencontre seulement sur les plus anciens vases, et qui paroît avoir appartenu aux premiers temps de la Grèce; il tient, comme dans Homère, un vaste bouclier qui le couvre des pieds jusqu'à la tête[4]. Le guerrier qui l'accompagne à pied tient un bouclier rond, dont le ὀμφαλός[5], est peint en blanc; il porte un casque qui lui couvre entiérement le visage, ainsi qu'on le remarque sur les plus anciennes peintures[6]. L'équipement des chevaux est conforme aux traditions connues[7]; mais le costume des figures à pied, et principalement des femmes, est singulier, et tel qu'on ne le voit que sur les plus anciennes statues grecques ou étrusques[8] : il consiste dans un manteau rayé de plusieurs couleurs, et orné de pierres précieuses[9]. La tête des femmes est ceinte d'un bandeau, et leurs cheveux tombent négligemment sur leur cou, ainsi qu'on le voit dans plusieurs monuments[10]. Ce vase est exactement de même grandeur, de même forme, et orné de la même bordure que celui qui représente le combat de Thésée avec le Minotaure, auquel Lanzi attribue[11] une si haute antiquité; il n'a pas moins d'analogie, quant au costume des personnages et au caractère du dessin,

---

(1) PHOCIDE, lib. X, c. xxxi.

(2) *Ibid.*

(3) *Cristaque tegit galea aurea rubra.*
   VIRG., *Æn.*, IX, 50.

Cristasque rubentes.
   Id., v. 270.

Les Cariens portoient cette crête rouge, ce qui les faisoit nommer Ἀλεκτρυόνας : PLINE, *Hist. nat.*, XI, 37. Il en étoit de même des Espagnols : DIODOR., V. 31. Les aigrettes des casques étoient ordinairement de crins de chevaux (ἱππόκομοι κόρυθες) que l'on teignoit de diffé-

rentes couleurs : SOPHOCL., *Ant.*, V, 117.

(4) *Iliad.*, c. VI.

(5) *Ibid.*

(6) TISCHBEIN, t. IV, pl. XVIII.

(7) On y reconnoît les φάλαρα, les παρακνημίδια; le frein, χαλινός; le poitrail, et les rênes. POLL., X, 12.

(8) Statues du *Museum cortonense*, pl. V; et des *Ant. d'Hercul.*, t. III.

(9) *Ibid.*

(10) TISCHBEIN, IV, pl. LX; d'HANCARVILLE, t. I.

(11) LANZI, *Vasi dipinti.*

avec le vase d'Antiphatès, publié par d'Hancarville, et où les inscriptions sont écrites de droite à gauche[1] : en un mot tout semble concourir à faire regarder ce monument comme un des plus précieux de ce genre.

PLANCHE IV.

Ces deux vases sont de l'espèce de ceux que l'on connoît en Italie sous le nom de *campana*, cloche; l'un à anses élevées, *manichi alti*, l'autre à anses basses : ils ont été trouvés dans la Pouille, où cette forme paroît avoir été commune; ils sont chacun ornés d'une bordure de myrte au dessous du rebord, qui rappelle l'usage où l'on étoit d'entourer ainsi les vases dans les sacrifices et dans les fêtes de Bacchus[2]. Au dessous des peintures règnent le méandre et le labyrinthe. Le revers de ces deux vases semble indiquer les premiers pas vers l'initiation; et ce qui le feroit croire principalement, c'est le rapport qui existe entre ces revers et le côté principal de chacun des vases. Sur le n° 3, une femme, vêtue d'une simple tunique, tenant à la main une de ces bandelettes symbole de la pureté de l'ame, et dont on ornoit les temples des dieux, *vittataque templa*[3], s'avance vers une autre femme, plus grande, plus imposante, couverte d'un riche manteau, et tenant un thyrse à la main : la jeune femme a l'air de demander à celle-ci une faveur, ou de répondre à ses questions. Le vase n° 4 offre deux figures en manteau, les pieds nus comme dans les premières épreuves de l'initiation, et s'avançant appuyées sur le bâton du voyageur, pour signifier le commencement des épreuves et le voyage mystique qui doit les suivre.

PLANCHE V.

Cette femme majestueuse, que nous avons observée sur le revers de ce vase, debout, et vraisemblablement à la porte du sanctuaire, est ici représentée assise, et dans l'intérieur d'un édifice, ce qu'indique la bandelette suspendue dans le fond; c'est la reine des sacrifices, *regina sacrorum*, l'antistite, ou peut-être la déesse Libera elle-même. Elle tient à la main le même thyrse qu'elle a sur le revers; mais elle y a ajouté une petite branche de myrte, symbole de l'initiation[4] : elle a la même coiffure, mais entourée de la couronne radiée ou diadème mystique[5]. Son peplus est abaissé sur ses genoux, ainsi que dans

---

(1) Tome I.
(2) C'étoit souvent de la vigne.
Lenta quibus torno facili superaddita vitis
Diffusos ederâ vestit pallente corymbos
        Vrno., *egl.* III, 36.
(3) Sil. Ital., VIII.

(4) Scholiaste d'Aristophane, *Ranæ*, 333, et plus haut 327, où il est question de satyres couronnés de myrte.

(5) Ces couronnes étoient dans l'origine faites avec des branches de palmiers, dont les feuilles formoient comme des rayons autour de la tête de initiés : Apul.,

la position de toute personne assise, et son bras gauche s'appuie sur le tambour, dans l'attitude de Cybèle, dont le culte avoit beaucoup d'analogie avec celui de Bacchus[1]. Le génie des mystères, couronné également de rayons, s'avance vers la prêtresse en tenant à la main le cep de vigne[2]; il semble prendre ses ordres, et lui dire cette formule rapportée par Firmicus[3] : *Salut, épouse, salut*, etc. etc. Deux satyres, ministres des sacrifices et tenant des thyrses fleuris[4], sont autour d'elle attentifs à la servir; l'un apporte la ciste mystique[5] de Bacchus, l'autre a le pied levé[6] pour marquer l'attention, et le bras gauche enveloppé de la nébride si chère à Bacchus[7]: celui-ci semble recevoir l'ordre d'introduire l'adepte dans l'intérieur du sanctuaire. Près de la prêtresse on voit l'*acerra* ou cassette[8] des sacrifices, qui est toujours représentée ainsi à demi ouverte sur les monuments. La grace de cette composition est encore augmentée par la pureté des formes et la beauté de l'exécution.

PLANCHE VI.

Nous avons observé que le côté le moins important de ce vase indiquoit les premiers pas vers l'initiation; celui-ci ne représenteroit-il pas, sous une forme allégorique, les dernières épreuves ou plutôt la récompense qui suit l'accomplissement de ces derniers travaux? On y remarque deux Victoires sans ailes, ἄπτεροc[9], qui donnent à des jeunes gens le prix qu'ils ont remporté dans les jeux, νικητήρια[10]: le premier reçoit une couronne de myrte ou de laurier, signe ordinaire de la victoire; l'autre une bandelette, prix usité aux jeux qui se célébroient à l'isthme de Corinthe[11], et qui ornoit le front des vainqueurs :

Puniceis ibant evincti tempora tæniis[12].

lib. XI, v. 287; c'étoit des signes de la divinité : PAscalis, *de Cor.*, IX.

(1) *Museo Pio-Clement.*, t. I, 40. *Tympanum tubam Cybelle, tua, mater, initia* : Catul. de Ber. Τύμπανα καὶ θύρσον Βοιωτόν : Philipp., *in Anthol.*, lib. IV, 12.

(2) Ce génie des mystères représente souvent les compagnons de Bacchus, Aratus et Ampelos, transformés par ce dieu en génies : Nonnus Dion., XVII.

(3) *Ac. des Insc.*, XXIII, 253.

(4)   *Frondentes sumere thyrsos*
Jusserat.   Ovid., *Met.*, IV, 7.
                 Fronde virentes
Conjiciunt thyrsos.
                 Id., *Met.*, XI, 27.
Euripid., *in Bacch.*, 176.

(5) Κισσοφόρος: Plutarch., *de Cup. div.*; Suidas, *in* κισσοφόρος. Spanheim veut que la ciste mystique soit la même que la *mystica vannus Iacchi* de Virgile, *Georg.*,

I, 166; mais Winkelmann a prouvé qu'elle en diffère entièrement : *Monum. ined.*, I, 46.

(6) *Stans summos resupinus usque in ungueis* : Mart., XII, 78; Juv., *Sat.* X.

(7) Νεβριδοστόλον : Orph., *in hymn. Trieter.*; Eur., *in Bacch.*, 834; νεβριδόπεπλον, Anox., *in Anth.*, édit. Brod., p. 82.

(8) Θυμιατήριον, Pollux, X, 65, et quelquefois ἐσχάριον, qu'on représente toujours à moitié ouvert : *Herculanum*, t. II, pl. XXXIII. Cette forme de cassette, parfaitement décrite dans les glossaires, se retrouve sur presque tous les monuments qui ont rapport aux sacrifices.

(9) Pausanias, lib. III, c. xv, et lib. V, c. xxvi.

(10) Euripid., *Ion.*, v. 852.

(11) Pausanias, lib. IX, p. 753; Pindare, *Olymp.*, IX, 147.

(12) Virg., *Æneid.*, lib. V, 268.

Phidias avoit aussi placé dans la main droite de Jupiter Olympien une statue de la Victoire qui présentoit une bandelette[1]; et la statue d'Hippodamie, suivant Pausanias, avoit à la main une bandelette pour en orner le front de Pélops[2]. C'est ici à la fois une image réelle des victoires aux jeux de la Grèce qui distinguoient si brillamment les jeunes gens, et une allégorie relative aux initiations. Le premier jeune homme qui reçoit la couronne semble par son attitude n'avoir pas terminé ses travaux; tandis que l'autre arrivé au but indiqué par la colonne sur laquelle il s'appuie, et dans une posture qui annonce le repos[3], reçoit le dernier signe et la dernière récompense de ses efforts. Les deux Victoires sont vêtues de la tunique[4] à deux manches, ἀμφιμάσχαλος χιτὼν[5], formant de longs plis serrés; l'une a gardé son peplus, mais l'autre, obligée de se servir des deux mains pour attacher la bandelette, l'a déposé sur la colonne; nouveau signe que les travaux sont terminés. Cette bandelette n'a point la forme des bandelettes mystiques des initiations, mais bien celle dont on se servoit dans les jeux.

(1) Pausanias, lib. V, p. 400. Suivant le même auteur, la statue de Polyclès, vainqueur à la course des chevaux, tient la bandelette à la main, τῇ δεξιᾷ ταινίαν: lib. VI, p. 452, 1. On voit plusieurs vases où les vainqueurs aux jeux tiennent des bandelettes: Tischbein, III, p. 48.

(2) Lib. VI, p. 454.

(3) Winkelmann, *Traité prélim. du Dessin; Mon. ant. inéd.*, p. 48.

(4) Meursius sur la *Cassandre* de Lycophron, v. 1100.

(5) Hesch., au mot Ἀμφιμάχαλος, t. I, col. 304. Il est aussi question de ce genre de tunique dans Pollux, II, 138, et VII, 47. On la nomme ἑκατερομάσχαλος.

Intérieur du Musée de M.^r le Comte de Lamberg.

Vase. N.º 2

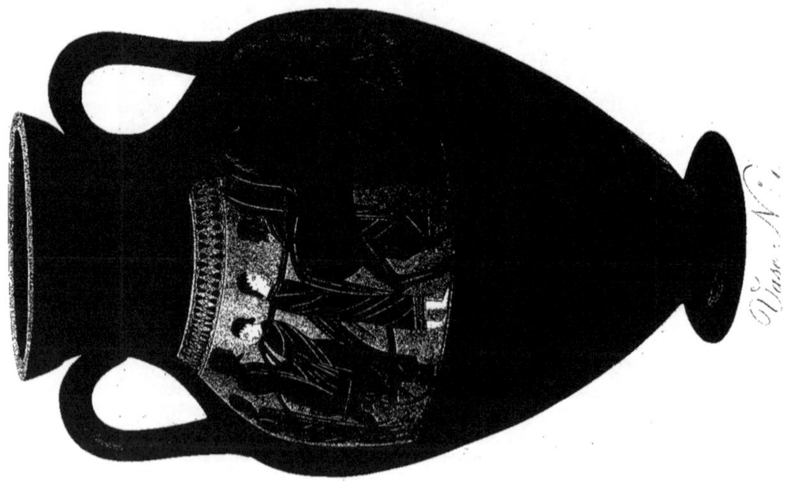
Vase. N.º 1

Côté principal du Vase. N° 3.

Vase N.º 3.

Vase N.º 4.

Côté principal du Vase N.º 3.

Côté principal du Vase N.º 4.

PLANCHE VII.

Un vieillard, que son attitude posée, son manteau largement jeté sur l'é-
paule gauche, sa longue baguette, sa couronne, font aisément reconnoître
pour un maître des jeux ou un gymnasiarque, est debout au milieu de deux
jeunes gens qui vont se disputer le prix de la course, ἔρομος[1], ou du saut,
ἅλμα[2]. Le premier, à gauche, présente au gymnasiarque les *haltères*[3], sorte
de contrepoids fait en plomb que l'on tenoit à la main, et qui rendoit ces
exercices plus difficiles pour ceux qui n'y étoient point habitués, mais plus
faciles pour ceux qui savoient s'en servir à garder l'équilibre[4] : ce jeune homme
semble instruire ou défier l'autre, qui en effet regarde avec étonnement ces
instruments. A gauche de la scène est un autre personnage, également nu,
et qui vient assister à cette lutte ; à droite est un jeune agonothète, qui sans
doute est préposé par le maître pour assister à la lutte et maintenir l'ordre
dans la palæstre. On remarque sur presque tous les monuments, à côté des

(1) Δρόμος. On trouve l'énumération des différentes espèces de courses dans le scholiaste d'Aristophane, *ad ac.* 293. Les coureurs s'appeloient σταδιοδρομοι : ÉLIAN., II, 20, p. 503.

(2) Ἀπὸ τοῦ ἅλλεσθαι.

(3) Ἀλτῆρες. La forme de ces *haltères*, ou contrepoids, a donné beaucoup de tourments aux savants. Mercurial pense que ce sont des masses de plomb semblables assez aux sabliers, et que l'on tenoit par le milieu ; il se fonde à ce sujet sur une mauvaise estampe publiée par Ligorius, et qu'aucun passage d'auteur ancien ne confirme. Il me semble que le passage de Pausanias est

formel à cet égard ; il dit que ces *haltères* ont la forme d'un *demi-cercle* oblong, au dessous duquel est une place pour passer la main, comme dans la courroie d'un bouclier, οἱ δὲ ἀλτῆρες οὕ τοι παρείχοντο. C'est ainsi qu'ils sont représentés sur notre vase, et on en distingue facilement la forme. Il est question de ces haltères dans plusieurs poëtes latins, et leur représentation exacte manquoit dans les monuments. Voyez MARTIAL, *in Apoph*, 14, 49 ; JUVÉNAL, *Sat.* VI, 419.

(4) THÉOPHRASTE, in lib. περὶ κόπων ; ARISTOT., V, *probl.* VIII.

combattants, soit aux jeux, soit à la guerre, de semblables hérauts ou témoins, qui tiennent des baguettes, signe de leur autorité, et qu'ils baissoient entre les combattants pour les séparer : ils étoient à la fois juges et assistants. Ce n'est point ici un de ces hérauts, mais un des jeunes gens qui aidoient le maître dans ses fonctions, et qui aspiroient à le remplacer un jour. Je serois même tenté d'assigner un nom à l'emploi de chacun de ces personnages : les deux jeunes gens qui se regardent sont deux jeunes athlètes qui vont s'exercer dans le gymnase, sorte de préparation[1] dont parle Platon dans le VIIIe livre des lois, et Virgile dans ces vers :

> *Exercent patrias oleo labente palæstras*
> *Nudati socii*[2].

Le jeune homme nu, qui tient un bâton, est un des *pædotribæ*[3] ; l'autre jeune homme, vêtu comme le maître, portant comme lui la couronne, la baguette, et le manteau, est sans doute le xistarque[4], sorte de dignité inférieure à celle du gymnasiarque ou préfet du gymnase, mais assez éminente. Si cette peinture avoit rapport par analogie aux mystères, elle représenteroit les différents degrés de l'initiation, depuis le premier jusqu'au plus élevé : quant au dessin et à la composition, ils annoncent le meilleur temps de l'art[5].

PLANCHE VIII.

Quelle que soit l'extrême méfiance que j'aie manifestée dans l'introduction de cet ouvrage sur les sujets soi-disant historiques représentés sur les vases, il m'est cependant impossible de ne pas reconnoître ici un des traits les plus intéressants de l'histoire grecque, la reconnoissance d'Oreste et d'Electre près du tombeau d'Agamemnon, ainsi qu'elle est décrite dans la belle scène de Sophocle[6]. Voulant me refuser à cette idée, j'ai cherché si le guerrier qui tient une urne ne pourroit pas être un athlète vainqueur qui rapporte chez lui le prix du combat, le Βραβεῖον[7], qui étoit ordinairement un vase, ainsi qu'on le voit sur une médaille de Caracalla ; j'ai pensé également que ce pourroit être un guerrier qui reviendroit chez lui avec la plus belle partie du butin, les vases précieux. Mais plusieurs circonstances éloignent de ces deux opinions ; la première est la forme du vase qui est absolument la même que celle des urnes cinéraires, *ossuaria*, que l'on voit sur une médaille d'Adrien, et mieux

(1) 83o, edit. Steph.
(2) Virg., *Æn.*, lib. III, v. 281.
(3) Pollux, *Onom.*, lib. III, c. xxx, seg. 154.
(4) Ammien Marcellin parle de la pourpre et de la

couronne du xistarque, lib. XXI, *init.*
(5) Ce vase a été trouvé à Locri.
(6) Sophocle, *in Elect.*, act. I, sc. 3.
(7) Hesych. au mot Βραβεῖον.

encore sur un bas-relief du Musée Clementin, publié par Visconti[1]. Ce bas-relief, qui retrace à n'en pouvoir douter un sacrifice funèbre, a plusieurs autres analogies avec notre vase. Les personnages y sont également la tête et les pieds nus en signe de deuil, et la femme y porte le voile funèbre. En outre la ressemblance qui existe de cette belle scène avec d'autres monuments, sur lesquels on ne peut méconnoître Oreste et Pylade[2], ne laisse aucun doute sur le sujet qu'elle représente, elle en est d'autant plus précieuse. Oreste vêtu d'une simple chlamyde, tenant d'une main une urne et de l'autre une lance[3], s'avance vers Électre, et cherche à la tromper sur le sort de son frère chéri pour sonder ses sentiments. Nous apportons dans cette urne que vous voyez, lui dit-il, les tristes restes de ce prince[4] :

Φεροντες αυτου μικρα λειψαν' εν βραχει
Τευχει θανοντος ως αρας κομιζομεν.

Ah, infortunée que je suis! s'écrie Électre, je me suis trop assurée de mon malheur : donnez, cher étranger, donnez-moi cette urne, au nom des Dieux, puisque mon frère y est renfermé[5] :

Ω ξεινε, δος νυν, προς θεων ειπερ τοδι
Κεκευθεν αυτου τευχος ες χειρας λαβειν.

Cette peinture sembleroit indiquer que ce vase a été fait postérieurement au temps de Sophocle, ou que la belle idée attribuée à ce poëte d'avoir feint le trépas d'Oreste étoit une tradition consacrée avant lui. Cette dernière opinion paroît plus vraisemblable par le récit que fait Hygin de ce fait comme d'une chose constante, et point du tout d'une invention postérieure. Il en est de même de Properce lorsqu'il parle de la joie d'Electre en apprenant que son frère est vivant :

Cujus falsa tenens fleverat ossa soror[6].

Quoi qu'il en soit cette scène étoit déjà en grande réputation dans la Grèce, et il n'est pas étonnant qu'on ait cherché à la retracer sur quelques monuments : on sait l'effet extraordinaire qu'elle produisit un jour sur les specta-

(1) *Mus. Pio*, t. V.
(2) Plusieurs vases représentent Oreste et Pylade près de l'autel, et exactement dans ce costume. Mais le monument le plus curieux par son analogie avec celui-ci et des détails particuliers, appartient à M. Tochon, qui a bien voulu nous permettre de le publier sous la forme d'une vignette dans le cours de cet ouvrage.
(3) Ainsi qu'Hector dans Homère, *Iliad.*, VI.
(4) Sophocle, *in El.*, V.
(5) *Idem.*
(6) Properce, liv. V, eleg. vi.

teurs lorsque l'acteur Scopas, jouant le rôle d'Oreste, prit dans ses bras l'urne qui renfermoit les cendres d'un fils qu'il venoit de perdre. Derrière Oreste est Pylade, cet *ami plus cher que mille parents*[1], μυριων κρεισσων όμαιμων: tous les deux sont vêtus de la chlamyde des héros et munis de leurs armes. En effet l'aspect de ces armes épouvante la princesse dans l'Electre d'Euripide[2]: Pourquoi ces armes! s'écrie-t-elle, πως ξιφηρης.

L'attitude d'Oreste est noble et simple, son visage un peu penché exprime la douleur.

Pylade tient les deux lances à la manière des guerriers[3], et est armé du *parazonium*[4]. Electre paroît recueillie, et son geste indique qu'elle interroge et qu'elle écoute avec attention. Le *peplus* ou voile qui lui couvre la tête, ainsi qu'on le remarque à Briséis sur le bouclier de la Bibliothèque impériale, exprime la douleur et la modestie. Les poëtes donnent un voile semblable à Pénélope[5] lorsqu'elle entre dans la salle où sont les poursuivants; à Médée, lorsqu'elle regarde Jason[6]; et à Iphigénie, à son départ pour l'Aulide[7]. On ne sait ce qu'on doit le plus admirer de la sagesse, de la grace, ou de la vérité de cette belle composition[8].

PLANCHES IX et X.

A présent, messieurs, dit Lucien[9], *rien n'empêche que je ne vous représente un sujet bachique,* et au lieu d'un j'en produirai ici deux. La planche IX offre une danse de deux faunes et de trois nymphes ou bacchantes : l'une d'elles, qui est assise au milieu, et que le peintre a distinguée par la couleur blanche des chairs, semble être le principal personnage auquel les autres s'adressent; elle a seule le diadème radié; elle est sans doute la plus jeune initiée que les autres instruisent. Les trois femmes sont vêtues de la tunique dorique sans manches, l'*exomide*, ornée d'une large bordure, et d'un peplum brodé de même. Les deux faunes sont d'âges différents[10]; le plus vieux, décoré de la couronne radiée[11], sort un pied de la bordure, circonstance assez rare dans les vases.

(1) Euripide, *in Elect.,* V.
(2) *Ibid.*
(3) Pyth. Pindare, *Od.* IV, v. 138.
         Pars spicula gestat
Bina manu.
         Virg., *AEn.,* VII, v. 687.
Bina manu lato crispans hastilia ferro.
         Id., I, 313.
(4) Son épaule est chargée d'un baudrier auquel est suspendu son glaive acéré: *Odyss.,* II.
(5) *Odyss.,* I, 330, 344.
(6) Apoll. Rhod. *Arg.* II, 445.
(7) Eurip., *Iph. in Taur.,* 372, 373.
(8) Ce vase a été trouvé à Avella.
(9) Lucien, vol. I, Διονύσιος.
(10) Ainsi que les distingue Plutarque dans la *vie d'Antoine.*
(11) Apul., *Met.,* XI.

La planche X est d'un autre caractère et plus précieuse sous le rapport de l'art. Une femme d'une élégance extrême, et absolument semblable à la charmante danseuse d'Herculanum, se trouve au milieu de la scène, et paroît dans l'action de danser. Elle tient d'une main le thyrse, et de l'autre le bout de son voile qui s'échappe au gré du vent; une légère tunique brodée, sans manche et sans ceinture, *tunica incincta*[1], comme en portent les Graces[2] et les Heures[3], laisse entrevoir la forme et l'élégance de sa taille. Sa tête est ceinte d'un voile léger qui retient négligemment ses cheveux; elle parle à un faune qu'elle semble encourager à la suivre. Les deux figures sur le plan inférieur et qui forment comme une scène à part, usage assez commun dans les peintures antiques, représentent un faune dans l'attitude connue que nous avons indiquée[4], et une ménade qui lui présente l'*acerra*. Le chien d'Érygone, que l'on vóit souvent dans les bacchanales, suit cette femme, et indique qu'elle est compagne de Bacchus et de ses mystères[5].

PLANCHE XI.

Cette belle peinture, encadrée entre une bordure de laurier et un méandre particulièrement soigné, représente Apollon écoutant un concert, Ευναυλια[6], de nymphes ou plutôt de muses, ainsi que le décrit Pausanias. Voici, dit-il, le fils de Latone, Apollon, et là sont les Muses, chœur aimable qui l'entoure et le suit[7]. Apollon, distingué par le laurier, δαφνοφορος[8], *inclytus lauro*, et par son manteau brillant, *palla spectabilis aurea*[9], se plaît à entendre l'accord de la lyre et de la double flûte, οταν κιταρα και αυλος συμφωνη[10].

> *Sonante mixtum tibiis carmen lyrá,*
> *Hác Doricum, illis Barbaricum*[11].

---

(1) Pollux, IV, *Seg.* 104, et VII, *Seg.* 17, appelle cette sorte de tunique *tarantinide*; elle étoit diaphane et n'avoit pas d'ornements.

(2) Sénèque *De Ben.*, 1, 3. *Soluta ac pellucida veste.*

(3) *Conveniunt pictis incinctæ vestibus horæ.*

Ovid., *Fast.* V.

> *Tunicis fluentibus auras*
> *Excipit.*

Ovid., *Art. am.*, III, v. 301.

Ce qui se rapporte aux *Fluentes amictus* de Prudence, v. *Gronovius*, obs. sur Phèdre, v. *Fab.* 1.

(4) Sur le frontispice de Buonarotti on voit Alcinoüs, le pied ainsi levé, dans l'attitude d'écouter Ulysse. Visconti observe à ce sujet que dans les peintures de l'Polyglotte, décrites par Pausanias, X, 10, on voit le jeune Archiloque avec un pied sur une pierre et tenant sa tête à deux mains.

> *Quid jam dextero pede*
> *Concipis ut te conatus non pœniteat votaque solvat.*

Juv., sat. X, v. 78.

(5) Lucien dit que Jupiter permit à Érygone d'emmener son chien dans l'Olympe de peur qu'elle ne séchât d'ennui à l'assemblée des dieux.

(6) Psychtus, Ευναυλια.

(7) Pausanias, *Eliac.*, I, c. xviii.

(8) *Ille caput flavum lauro Parnasside vinctus.*

Ovid., *Met.*, XI.

(9) Ovid., *Am.*, 1, el. 8:

> *Una videbatur late illudere palla.*

Tibull., lib. III, v. 4.

(10) Suidas, *Athen.*, lib. XIV. Les doux sons de la flûte joints aux accords de la lyre.

(11) Horat., *epod.* IX, 5.

La première des deux muses touche la lyre à sept cordes de l'espèce nommée *testudo*, dont les branches, *aukones*, étoient formées de cornes d'animaux, c'est sans doute Terpsichore[1], et celle qui joue de la flûte, Euterpe[2]; elles sont l'une et l'autre vêtues de l'ésomide à demi-manche μοσχαλωτος χιτων[3] attaché avec de petits boutons, suivant AElien[4], et ainsi qu'on en remarque à plusieurs statues antiques. La chaise sur laquelle est assise la muse qui joue de la flûte est semblable à celle que l'on voit aux deux muses studieuses d'Herculanum[5], et d'une grande élégance.

PLANCHE XII.

Une femme assise sur une sorte de trépied, tenant dans la main la *flabella*[6], et de l'autre le plat mystique *patella*[7], semble évoquer le génie des mystères, qui se présente à elle et la salue de sa baguette symbolique. Une autre femme, nouvellement initiée sans doute, considère ce spectacle et semble indiquer la cassette ou le marche-pied qui se trouve entre elles. Ce petit meuble que l'on voit sans cesse répété sur les vases, et ordinairement porté par des jeunes femmes initiées, me paroît être destiné au même usage que la cyste mystique et que l'*acerra*[8] qui renfermoit les choses saintes :

> *Quid velint flores et acerra thuris*
> *Plena*[9].
>
> *Plena divis veneratur acerra*[10].

Le génie du mystère paroit ici sous la forme d'un jeune homme ailé, ainsi que le décrit Strabon[11]. Il représente l'ame de toute chose, le *spiritus intus alit*, le *mens agitat molem*, symbole de la vie, de la grace, et de la pureté[12].

---

(1) *Terpsichore affectus cytharis movet, imperat, auget.*
Auson., Idyl. 20.

(2) *Euterpe geminis loquitur cavâ tibiâ ventis.*
Petron.

Apollon., lib. III, v. 1; Plutarq., *Sympos.*, IX, 14. *Si unus flatus*, dit S. Augustin, *inflat duas tibias.*

(3) Meursius, sur la Cassandre de Lycophron, v. 1010, et Kuhnius sur Pollux, VII, 47.

(4) *Tunica axillaris*, Esych., v. μαλακον, et Mazoch., tab., Her., p. 199.

(5) Hist. I, 18.

(6) L'auteur du texte de l'ouvrage d'Herculanum croit que c'est la *lecticula lucubratoria* des Romains dont parle Suétone; *in Aug.*, XX, et où on s'étendoit après le repas; mais il n'appuie aucunement cette conjecture.

L'usage des éventails étoit fort ancien dans la Grèce, et étoit originaire de Phrygie; ainsi que le prouve ce passage d'Euripide: Selon la mode phrygienne j'excitois un souffle léger près du visage d'Hélène, et sur ses boucles flottantes, par le mouvement répété d'un éventail de plumes arrondi avec grace. Electre, v. 1428.

> *Et modo pavonis caudæ flabella superbi.*
Properce, 11, 16.

(7) *Nutriat incinctos missa patella lares.*
Ovm., Fast., lib. II, 636.

(8) Θυμιατηριον, Pollux, X, 65, et quelquefois εσχαριον à moins qu'on ne veuille que ce soit la κιστις ou *arca*, destinée à renfermer les bijoux de noces.

(9) Horat., *car.* III, 8.

(10) Virg., *Æn.* V, v. 745.

(11) Strabon, lib. X, *et Proclus in tem.*, p. 51.

(12) Παγγενετην βιοδοτορα θνητου.
Orph., hymn. in Dæmon.

Cette charmante composition est aussi parfaite dans ses détails que dans son ensemble[1].

PLANCHE XIII.

Un jeune homme, du nombre de ceux qui paroissent recouverts d'un manteau sur le revers des vases, et que nous avons regardés comme des candidats pour l'initiation, se présente ici à l'entrée du sanctuaire. Il tient le même bâton qu'il avoit au revers du vase[2]; mais il a roulé son manteau autour de son bras[3], et il porte déja les premières marques de l'initiation, c'est-à-dire, la couronne de myrte[4] et les colliers de corymbes[5]. Il tient à la main l'œuf lustral, symbole de la pureté de l'ame[6], qu'il présente à la divinité: l'œuf regardé comme le principe de toute chose et l'emblème de l'origine du monde[7]. Devant lui est un autel où se retrouvent ces mêmes œufs, si importants dans les sacrifices[8], les purifications[9], et les mystères[10].

Nisi te centum lustraverit ovis[11].

Et veniat, quæ lustret anus lectumque locumque:
Præferat et tremulâ sulfur et ova manu[12].

(1) Ce vase ainsi que le suivant ont été trouvés à Bari.

(2) Voyez les vases de la planche IV.

(3) *Lacerto clypeat pallium.* Signe de mouvement Voyez le *Mercure du Museo Pio*, tom. I, pl. 7; *Dempster Etrur. reg.* pl. 17.

(4) ARISTOPHANE, *Ranæ*, v. 333; TIBULLE, lib. I et XI, v. 27, 28.

(5) *Laxatis onerata colla corymbis*, PROPERT. Ces colliers de graines sont propres à l'initiation; on les remarque à la figure d'Oreste sur le beau vase publié par Millin, *Mon. inéd.*, tom. I, pl. XXIX, et celle du tom. I de Maisonneuve; ce sont ici les ὅρμος qui pendoient de côté, différentes des ἰσθμια qui l'entouroient. Voyez Visconti, *Mus. Pio*, tom. IV, p. 44; Athénée, *Deipn.* 15, p. 888.

(6) D'où venoit ce proverbe de l'antiquité, ἐξ ὠου ἐξῆλθεν.

(7) ἀπ πρωτογονῳ, *ovo primigenio*, qui suivant les orphiques contenoit le principe de tout et servoit à l'expiation nuptiale; v. *Creutzer*, t. I, p. 170; PLUTARQUE, *sympos.*, lib. II; PROBUS, III, p. 522, tom. VIII; MACROB., *sat.* VII, v. 16.

Cette question fut long-temps agitée parmi les philosophes; ils demandoient lequel avoit été créé d'abord de l'œuf ou de la poule; MACROB., lib. VII, cap. 2; PLUTARQ., *sympos.*, lib. II, quæst. 3. Mais par l'œuf ils entendoient le monde, auquel ils donnoient également cette forme, et ils confondoient avec l'œuf le chaos, dont tout a pris naissance; OVID. 1, *Met.* Un passage curieux d'Aristophane décrit ainsi cette naissance du monde: «Tout étoit dans le chaos, la nuit, le noir Erèbe, et le vaste Tartare; la terre existoit, mais sans air, ni ciel, lorsque la nuit noire enfanta dans les détours de l'Erèbe un œuf plein de vent, ὑπηνεμιον ᾠόν, d'où sortit après quelque temps un amour brillant, portant aux épaules des ailes dorées, et semblable aux mouvements légers de l'atmosphère: c'est lui qui, dissipant le chaos, créa l'espèce humaine.» Les peuples de l'Inde figuroient également le monde par un œuf; l'œuf représentoit la triade symbolique, DAMASC. *de princ.* frag. XIII, *ap. Wolf. æn.* l. III, p. 252.

(8) Il précédoit la pompe de Cérès, suivant VARRON, *De Re rus.* lib. I, cap. 7, et faisoit partie des offrandes aux dieux.

(9) L'œuf lustral, le flambeau sacré, le soufre et des gâteaux salés étoient les principales choses qui entroient dans les purifications. *Apul.* V, *Met.* XI. Ces œufs étoient ensuite exposés au coin des rues pour servir de nourriture aux pauvres gens et aux philosophes cyniques qui n'avoient pas honte de s'en nourrir. LUCIEN, I *dial.*

(10) APUL. *Met.* II. On en voit aussi sur plusieurs vases et même sur leur revers, ce qui prouve que les figures à manteau avoient rapport aux mystères.

(11) JUVÉNAL, *sat.* 6.

(12) OVID. *Art. am.* II, v. 329.

La prêtresse ou reine des sacrifices, qui introduit cet adepte, tient la bandelette couleur de pourpre[1] dont elle doit lui ceindre le front ainsi qu'elle la porte elle-même. Le génie des mystères, qui les conduit tous les deux, observe dans le vase de purification, ιερον χερνιβον[2], ce qui se passe, et s'il est temps d'y tremper la bandelette ou d'en asperger l'assistant[3]. Cette scène pourroit être la seconde de l'initiation, celle qui suivoit immédiatement la purification par l'eau, *lavacrum*[4], à la suite de laquelle on recevoit la couronne de myrte, et on étoit introduit dans le temple; car il ne peut être question ici de petits mystères, des mystères d'Agra, établis également en honneur de Cérès et de Proserpine. En effet, dans les grands mystères, c'étoient les mystes qui s'aspergoient eux-mêmes de l'eau lustrale, comme nous le voyons par ce passage du célèbre orateur Lysias : Εισηλθεν εις το Ελευσινιον, εχερνιψατο εκ της ιερας χερνιβος. Ils entrèrent dans l'Eleusinium, et s'aspergèrent eux-mêmes en prenant de l'eau dans le bassin sacré. Les bandelettes sur le haut des murs[5] indiquent que la scène se passe dans l'intérieur du sanctuaire. Cette composition est d'une grande beauté, tant par la variété des couleurs que par la pureté du style et l'élégance des figures.

---

(1) Cette bandelette joue un grand rôle dans les initiations; tantôt elle est ceinte sur le front du récipiendaire, tantôt autour de son corps. Ulysse en avoit le premier rendu l'usage habituel, et c'est au respect pour cet ornement qu'Agamemnon dut la vie, lorsqu'il se montra aux soldats révoltés. *Scol.* APOLL., I, 195; HOM. 1, v. 334.

> *Aut farre, aut tenui soleo exorare coronâ.*
> JUVÉNAL, *sat.* IX, v. 137.

(2) Ce vase, sans doute destiné à l'ablution, se trouvoit ordinairement à l'entrée des temples. Lysias, contre Andocide, cité par Meursius, *Cerem. Gem.*, cap. 15. ISIDORE, *De orig.*, lib. 15, cap. 4, explique ainsi l'expression *delubrum. Delubra veteres dicebant templa fontes habentia quibus ante ingressum deluebantur, et appellata delubra à deluendo.* Ce vase précédoit la pompe des dieux suivant Plutarque, *de Is. et Os.*; ce qui se peut également observer dans Pollux, lib. IX, cap. 39; v. Casaubon *sur Athénée*, lib. VI, cap. 15, et Vossius, *De idolat.*, lib. IX, cap. 39.

(3) On trempoit dans ce vase un tison pour en asperger les assistants, *Athénée*, IX et XVIII.

(4)   *Donec me flumine vivo*
> *Abluero.*
> VIRG., *Æneid.*, lib. VIII.

> *Ah! nimium faciles, qui tristia crinina cædis*
> *Fluminea tolli posse putatis aquâ.*
> OVID., *Fast.* I.

Le bain étoit la première condition de l'expiation. *Apul. Met.*, lib. II; car, dit Tertullien, c'est par le bain qu'on est initié aux choses sacrées d'Isis ou de Mithra, *De Bapt.*, c. 5; MENSURS, cap. 7 et 11; ATHÉNÉE, lib. 6.

(5) *Devia puniceæ velabant limina vittæ.*
> PROP., IV et IX.

> *Pande fores superum vittataquè templa.*
> FLACC. IV, *Silv.* 8.

La bandelette s'appeloit *vitta*, et les petits rubans qui en terminoient les bords *tæniæ.* Servius sur le vers 269 du cinquième livre de l'Enéide. Il ajoute cependant que l'on prenoit souvent l'un pour l'autre, comme le prouve le vers sur lequel il fait cette remarque.

> *Puniceis ibant evincti tempora tæniis.*

Les bandelettes étoient souvent blanches.

> *Nec mea nunc primis albescunt tempora vittis.*
> STAT., *Achil.*, liv. 1, v. 11.

> *Lanea dum nivea circumdatur infula vittâ.*
> VIRG., *Géorg.*, liv. III, v 487.

Voir encore l'églogue VIII, v. 64; l'Enéide, liv. IV, v. 459, etc.

Sujet d'un Vase de la même forme que le N.º 3.

Autre sujet d'un Vase de la même forme.

Autre sujet d'un Vase de la même forme.

Autre sujet d'un Vase de la même forme.

Autre sujet d'un Vase de la même forme.

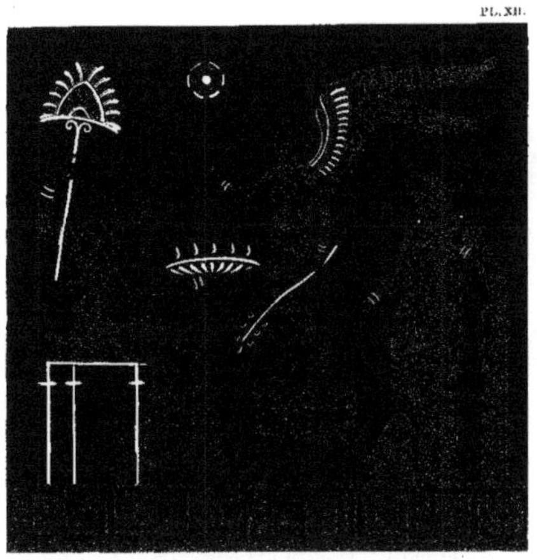

Sujet d'un Vase de la même forme.

Sujet d'un Vase de la même forme.

PLANCHE XIV.

Cette planche nous paroît offrir l'expiation d'Oreste à Trézène. On sait que cette cérémonie devoit terminer tous les maux de ce malheureux prince. Elle eut lieu, dit Pausanias, devant le temple d'Apollon, près duquel Oreste demeura long-temps caché sans qu'aucun Trézénien voulût le recevoir chez lui; les habitants prenoient soin de le nourrir. Ils disent qu'il poussa un laurier sur le lieu même de l'expiation, lequel laurier s'est toujours conservé depuis.

Notre vase représente cette scène au moment où le laurier, signe de l'approbation des dieux, s'élève au-dessus d'un autel. Oreste et Pylade sont placés l'un près de l'autre, comme dans les deux autres monuments; mais Oreste seul est dans le temple, seul il est couronné de myrte, signe de la participation aux mystères. Pylade est resté hors du sanctuaire, indiqué par la colonne. L'un et l'autre sont vêtus en héros voyageurs, c'est-à-dire, de la chlamyde et du petase, ainsi que l'exprime le poëte Philémon, cité par Pollux. Ce large chapeau étoit souvent rejeté en arrière pour plus de commodité. On le voit sur plusieurs monuments à Mercure et à Apollon. Une femme, couronnée du diadème radié, regarde avec intérêt et surprise cette apparition. Seroit-ce la prêtresse qui vient d'expier le coupable, comme autrefois Circé expia Jason; seroit-ce la reine des sacrifices, l'Antistita, portant le diadème radié : je ne le pense pas, elle auroit à la main le thyrse, les cystes mystiques, ou au moins quelque bandelette sacrée qui marqueroit la prééminence dans les mystères. Je crois plutôt reconnoître dans cette femme la sœur d'Oreste, Iphigénie, qui, suivant le témoignage de Caton, dans ses Origines, se trouva présente à cette

cérémonie. *Orestem cum Iphigeniâ atque Pylade dicunt maternam necem expia-
tum venisse, et non longinqua memoria, cum in arbore gladium viderint quem Orestes
abiens reliquit.*

Il n'est pas étonnant qu'Iphigénie soit décorée du diadème, signe, suivant
Lucien, de la puissance et de la divinité, et qu'elle soit montée sur une espèce
d'estrade. Cette princesse étoit honorée dans la Grèce presqu'à l'égal des déesses,
et Pausanias indique le lieu où un temple lui étoit consacré. Il parle aussi
d'une Diane Iphigénie que l'on révéroit en son honneur.

Le geste qu'elle fait indique d'ailleurs qu'elle prend à la scène le même intérêt qu'Oreste, et qu'elle éprouve le même étonnement. Le personnage tenant le sceptre est sans doute un de ceux qui, dans Pausanias, furent chargés
de la cérémonie de l'expiation, ou peut-être le prince de la contrée tenant le
sceptre royal, *sceptrum regale tenens.* On sait que les plus grands personnages
ne dédaignoient pas de présider à ce cérémonial solennel, qui rendoit le bonheur et la tranquillité aux coupables repentants.

Dans Apollodore, Copreus, qui avoit tué Iphite, est expié par Euryte, roi
de Mycènes. Dans Hérodote, Adraste l'est par Crésus, roi de Lydie; il est difficile de déterminer qui pourroit être le personnage gouvernant Trézène à
cette époque; cette ville faisoit partie du territoire de l'Achaïe, et c'étoit Démophon, douzième roi d'Athènes, qui régnoit alors, et qui avoit accueilli Oreste
pendant ses voyages.

Il n'est guère plus facile de déterminer le lieu où se passa l'expiation;
il règne à cet égard beaucoup d'obscurité dans les auteurs. Pausanias le fixe
près de Trézène, entre le temple de Diane et celui d'Apollon, ainsi que nous
l'avons indiqué; il ajoute qu'on se servit, pour l'expiation, de l'eau de la fontaine d'Hippocrène, qui, de même que celle de l'Hélicon, avoit été produite
par un coup de pied du cheval Pégase. Dans un autre passage il fixe le lieu
près de Gorthinium. Les auteurs latins, occupés toujours à placer dans leur
pays les faits mémorables de l'histoire, prétendent au contraire qu'Oreste vint
en Italie et en Sicile, et placent le lieu de son expiation dans la Calabre, près
de Rhegium. Probus s'exprime ainsi: Oreste, devenu furieux après son parricide, apprit par un oracle qu'il recouvreroit son bon sens, si, après avoir re-
trouvé sa sœur Iphigénie, il se lavoit dans un fleuve qui recevroit dans son
sein six autres rivières. Ayant donc erré dans différentes contrées, et après
beaucoup de travaux, il retrouva sa sœur Iphigénie en Tauride, et parvint
aux confins du pays de Rhegium; là il trouva le fleuve, s'y purifia, et passa
en Sicile. Probus cite à l'appui de cette opinion un passage de Varron au

dixième livre des choses humaines, où il parle de l'expiation d'Oreste en un
lieu près de Rhegium, où sept fleuves confondent leurs eaux. Caton ajoute
que l'expiation eut lieu près d'un fleuve nommé Taccolio, qui faisoit la fron
tière des Rhegiens et des Tauriniens, *fines Rheginorum atque Taurinorum*,
et dans lequel six autres fleuves venoient se rendre; cette indication répond
parfaitement à la campagne des environs de Rhegium. En effet, six rivières,
assez considérables, arrosent ce territoire à la distance d'une lieue l'une de
l'autre, et vont toutes se jeter dans le Métaurus, aujourd'hui Marro, qui devoit former les frontières des deux peuples. Notre confrère M. Barbier du
Bocage pense que le lieu de cette expiation pouvoit être près d'une ancienne
peuplade qui a conservé le nom d'Aquaro, d'Aquæ qu'elle avoit autrefois, et
qui sans doute indiquoit quelques eaux thermales; en effet, la guérison d'Oreste
aura pu s'opérer par le secours de ces eaux, et les peuples l'auront attribuée
aux cérémonies de l'expiation. Il est pourtant plus vraisemblable que cet évé-
nement a eu lieu près de Trésène, ainsi que Pausanias le raconte dans le plus
grand détail.

Le laurier sur l'autel ne peut figurer des offrandes ainsi qu'on en voit plusieurs exemples sur les monuments, entre autres sur un autel du musée Chia-
ramonti, décrit par Visconti; là le laurier est un arbre entier auprès duquel
l'autel est appuyé; mais ici l'artiste pour marquer que l'arbre vient de pousser
instantanément, le représente avec le morceau de terre qui le contient, et
d'ailleurs l'étonnement marqué des figures prouve qu'il s'en fait une apparition subite.

PLANCHE XV.

Bacchus, facile à distinguer à sa couronne de myrte[1], à sa barbe[2], au thyrse
sur lequel il s'appuie, présente un canthare[3] à une Ménade, qui lui verse du
vin renfermé dans un de ces vases à trois becs, dont la forme se rencontre
souvent dans les collections de vases grecs. Cette femme est revêtue de la

(1) Aristoph., *Ran.*, v. 327, ou de lierre, qui lui
étoit également consacré; Ovid., *Fast.*, lib. III, v. 767;
Claud., *De rap. Prosper.*, lib. I, v. 16; Hom., *Hymn.
Bacch.*, v. 1. Nous parlerons plus tard des différents
Bacchus et de leurs attributs.

(2) Il est ainsi représenté sur plusieurs médailles et
pièces antiques. C'est ordinairement le Bacchus indien
qui offroit cette particularité. Montfauc., tom. 1, p. 2,
pl. 158. Quant aux autres, ils n'avoient pas de barbe:

Solis æterna est Phœbo Bacchoque juventa.
Nam decet intonsus crinis utrumque deum.
Tibull., lib. IV, eleg. 12.
(3) *Et gravis attritâ pendebat cantharus ansâ.*
Virg., Eglog. VI, v. 17.

Ce vase étoit consacré à Bacchus; aussi Marius qui en
avoit fait son modèle ne buvoit que dans un canthare
après sa victoire sur les Cimbres: ce qui offensa bea
coup les Romains. Plin., lib. XXXIII, cap. 11.

nébride[1], et s'appuie également sur un thyrse. Si l'inscription qui se trouve sur sa tête est bien PHA, on ne pourroit s'empécher de reconnoître dans ce sujet une scène à la suite du traité de paix qui fut scellé entre Bacchus et Rhea. Diodore[2] nous apprend que cette déesse, indignée de la conduite d'Ammon, son premier mari, qui avoit eu de la jeune Amalthée Bacchus, qu'il faisoit élever secrètement, résolut de se venger. Elle convola en secondes noces, et épousa son frère Saturne; celui-ci fit embrasser sa querelle à toute l'armée des Titans. Ammon, d'abord vaincu, fut bientôt secouru par son fils Bacchus. Alors tout changea de face. Saturne fut fait prisonnier ainsi que Rhea, et Bacchus pour toute vengeance leur demanda leur amitié. Depuis ce moment, dit l'auteur que nous avons cité, Rhea l'aima comme s'il eût été son fils. Cette peinture nous offriroit un des traits de cette bonne intelligence qui régnoit entre ces deux divinités; car c'étoit une marque de bienveillance de verser[3] à boire à quelqu'un.

A côté de cette figure est un satyre jouant de la double flûte. Ce personnage donne une nouvelle force à notre explication: en effet, si la double flûte étoit chère à Bacchus, elle ne l'étoit pas moins à Rhea; car Marsyas qui, dit-on, en est l'inventeur, ou du moins qui perfectionna cet instrument[4], passa sa jeunesse avec cette déesse[5], dont le culte a d'ailleurs de nombreux rapports avec celui de Bacchus[6]. Ce faune est bien caractérisé par les oreilles longues, le contour de son visage semblable à celui de Socrate[7], et les narines ouvertes; qualités si bien distinctement réunies dans ces vers de Nemes[8]:

> *Cui deus arridens horrentes pectore setas*
> *Vellerat, aut digitis aures adstringit acutas,*
> *Adplauditque manu mutilum caput aut breve mentum,*
> *Et simias tenero colledit pollice nares.*

Derrière Bacchus est encore une femme, elle a l'air de prendre garde à lui et de l'éclairer de son flambeau. L'intérêt qu'elle lui marque me fait penser que c'est une des nourrices de ce dieu[9] qui le soignoient dans ses voyages. La ma-

---

(1) Elles étoient souvent enrichies d'or :

> ... *Varioque aspersas nebridas auro.*
> STAT., *Achil.*, lib. IV, v. 42.

Dans le vers précédent ce poëte les appelle *Bacchea terga*.

(2) Lib. III, cap. 5.

(3) HOMER., *Iliad.*, lib. VI, v. 258.

(4) PLUTARQ. Comment il faut réprimer la colère.

(5) CLAUD., lib. II; PAUSAN., lib. IX.

(6) STRAB., lib. X, p. 722, et un fragment de chœur d'Euripide rapporté par cet auteur, p. 720. Il est vrai qu'il est parlé de Cybèle; mais Cybèle n'étoit pas autre chose que Rhea.

(7) LUCIEN, *dial.* XX; *Schol.* ARISTOPH., *Nuées*, v. 225; PLAT., dans son *Banquet et le Theætéte*; XENOPH., *Sympos.*

(8) NEMES, *Egl.* III, v. 31. On prendroit ce satyre pour Marsyas, si une inscription mal figurée ne sembloit lui donner un autre nom.

(9) Pline ne fait connoître que la seule Nysa; mais

nière dont est représenté Bacchus se rencontre souvent chez les anciens. La statue de Policlète décrite par Pausanias[1] nous le montre debout, tenant d'une main le thyrse et de l'autre le canthare:

Cantharum et thyrsum dextra lævaque tenentem[2].

Cette coutume le faisoit nommer Ακροτοφορος[3], ou porteur de vin[4].

PLANCHE XVI.

On trouve dans Tischbein[5] une peinture qui ressemble assez à celle-ci. La pose, les gestes des figures, les détails des ornements, les vêtements, tout est pareil; seulement les groupes ne sont pas aussi bien entendus que dans celle que nous publions. Le savant auteur qui l'a expliquée pense que c'est le roi Aleus[6] qui interroge sa fille, prêtresse de Minerve, coupable du même crime que la *Silvia Rhea* des Romains. Mais alors à quoi bon tout ce laurier, qui sans doute n'est pas prodigué sans intention? Ce sujet paroît au premier coup d'œil avoir plutôt rapport aux Daphnéphories[7], fêtes qui se célébroient tous les neuf ans à Thèbes en l'honneur d'Apollon Isménien[8]. Des jeunes gens y étoient couronnés de laurier: Στεφάνους γαρ φυλλων δαφνης φορουσιν οι παιδες[9].

Diodore et Hésiode en comptent plusieurs. Diodor., lib. V, 52; Hésiod., *Théog.* Le premier de ces auteurs dit encore que c'est à Nysa qu'il fut élevé, et que c'est du nom de cette grotte et de celui de Jupiter qu'est dérivé Διονυσος. Dion., lib. III, cap. 5.

(1) Lib. VIII, cap. 31.

(2) Sidon. Apoll., *Carm.* XXII, v. 31. C'est ainsi qu'on le voit sur le beau camé dessiné par Burnavolt, et que nous le verrons sur plusieurs vases de cette collection.

(3) Pausan., ibid.

(4) On lit sur la peinture Καλος, mot qui se rencontre souvent sur les vases. Mazochi, *Tab. Heracl.*, p. 554, pense que ce mot précédoit le nom de celui à qui on destinoit le vase (quoiqu'il le suive souvent). Il cite une foule d'exemples à l'appui de cette opinion. Millin, *Peintur. des vas. antiq.*, tom. 1, p. 114; Böttiger, *Vasen gemœtilde*, III, 70, partagent et développent ce système, ainsi que M. Akerblad, si connu par sa vaste érudition, et *Lanzi sopra i vasi dipinti*, qui le modifie et fortifie singulièrement. Cependant le nom du peintre fameux, Alcimaches, que Pline, lib. XXXV, cap. 9, place après les premiers, accolé à ce mot qu'il précède, ainsi qu'on le voit dans *Tischbein*, t. II, pl. 32, le mot Καλοσει, sur-tout que l'on trouve sur une autre peinture de cette collection, tom. IV, pl. 30, pourroient faire penser que Καλος est le nom d'une fabrique ou d'un fabricant de vases; ce qui ne seroit pas étonnant, car on peut voir dans le Voyage du jeune Anacharsis que les Grecs ne nous le cédoient pas en bizarrerie de nom. C'est sur-tout le mot Καλοσι qui feroit la base de cette nouvelle opinion. En effet, il se trouve sur le bassin d'une fontaine consacré aux mystères. Ce mot ne pouvant s'expliquer d'après l'opinion des savants archéologues que j'ai cités ne peut pas non plus se traduire par rendre beau; ce qui ne seroit qu'une mauvaise plaisanterie, qui ne peut être l'inscription d'un monument sacré destiné aux plus augustes cérémonies, quoique nous en trouvions de bien peu décentes sur les frontous des temples. Ce mot selon nous trouveroit un équivalent dans cette périphrase fait par Καλος: comme si de nos jours en parlant d'un croquis fait par Girodet, on disoit c'est *Girodésd*.

(5) Tom. III, pl. 53.

(6) On peut voir sur cette histoire Apollod., lib. III, cap. 9, et la déclam. d'Alcidame sur la trahis. de Palamed. *Orat. grec.*, tom. VIII.

(7) Procl. *in Chrestomath.*

(8) Il étoit ainsi nommé d'une colline à droite de Thèbes. Pausan., *Beot.* Hesychus le fait venir du fleuve Isménius. *In. h. voc.*

Horruit ingenti venientem Ismenus acervo.
Stat., *Thebaid.*

Voir ce que dit Plutarque, *in verb.* 11, sur ce surnom d'Apollon.

(9) Pausan., *Beot.*

La double lance dont est armé un de ces personnages sembleroit fortifier cette opinion; car on pourroit y trouver une allusion à l'origine de ces fêtes[1]. Mais rien ne se rapporte avec le récit que Proclus nous a laissé. Le rameau que portoit le Δαφνηφόρος étoit d'olivier, surmonté de couronnes de laurier, de fleurs, et de symboles sacrés[2]. Le jeune sacrificateur[3] marchoit les cheveux épars, la tête ceinte d'une couronne d'or, revêtu d'habits magnifiques, et chaussé à l'Iphicrate[4]. Enfin il étoit suivi d'un chœur de jeunes filles qui portoient des rameaux[5]. Aucune de ces particularités ne se rencontrant sur le vase, ce n'est pas les Daphnéphories qu'a voulu retracer le pinceau du peintre.

On seroit peut-être plus heureux en cherchant l'explication de cette peinture dans l'histoire de Niobé. Ne seroit-ce pas Manto, la fille de Thérésias, prophétesse, comme son père, qui ordonne aux Thébains d'honorer Latone et ses deux redoutables enfants.

> *Ismenides ite frequentes*
> *Et date Latonæ, Latogenisque duobus*
> *Cum prece thura pia, lauroque innectite crinem*[6].

Ou bien cette femme qui porte un bandeau sur la tête, qui tient sous le bras le marche-pied symbole de la puissance civile ou religieuse, ne seroit-ce pas Niobé elle-même qui, le blasphème sur les lèvres, vient arrêter la piété de ses sujets, et leur ordonne de déposer le laurier sacré?

> *Ite sacris, properate sacris laurumque capillis*
> *Ponite*[7].

L'attitude et les gestes[8] de cette figure qui seule n'est pas couronnée de laurier nous auroient fait reconnoître la fille de Tantale, *mihi Tantalus auctor,* quand même nous ne lui verrions pas les vêtements que lui donne Ovide:

> *Vestibus intexto Phrygiis spectabilis auro*[9].

---

(1) C'est pendant une suspension d'armes que consentirent entre elles les armées des Éoliens et des Béotiens pour célébrer une fête d'Apollon, que Polémétas, général de ces derniers, vit en songe un jeune homme qui, tenant une branche d'olivier, lui donnoit une armure, et lui ordonnoit d'établir tous les neuf ans des fêtes solennelles en l'honneur d'Apollon qui alloit lui donner la victoire. Procl. *in Chrestomath.*

(2) Ξυλου ελαιας κατεστεφουσι δαφναις, ποικιλοις ανθεσι, και επ' ακρου μεν χαλκη εφαρμοζεται σφαιρα. *Procl.,* ibid.

(3) Pausan., ibid.

(4) Τας μεν κομας καθημενας, κρυσουν δε στεφανον φερων, και λαμπραι εσθητα ποδηρη εσταλισμενος· Ιφικρατιδας τε υποδεμενος. Procl. *in Chrestomath.*

(5) Ibid.

(6) Ovid., *Métam.*, lib. VI, fab. v.

(7) Ovid., *Métam.*, ibid.

(8) Le mouvement de relever son manteau avoit lieu toutes les fois que l'on desiroit ardemment obtenir ce que l'on demandoit. *Italinski in* Tischbein *loco supra citato.*

(9) Ibid. Ces vêtements étoient travaillés à l'aiguille

Cette peinture est d'une composition charmante; elle offre une particularité, c'est le contour du visage de la femme qui n'est point achevé, ou que l'artiste a laissé se dessiner en clair sur la teinte jaune pour conserver à son contour plus de moelleux.

PLANCHE XVII.

Cette gracieuse peinture présente peu d'intérêt dans son sujet, mais beaucoup dans ses détails. D'abord quant au lieu de la scène, la feuille de vigne, la guirlande de graine de lierre, les petites herbes qui croissent, nous font penser que c'est dans un bois sacré[2] qu'elle se passe; ces espèces de rochers sur lesquels la femme est assise et le faune appuie un pied annoncent que le bois est sur le penchant d'une colline, *prærupti nemoris dorsum*, comme dit Horace. On sait d'ailleurs que les temples étoient ordinairement placés au milieu de bois ou de jardins délicieux[3]. Nous pensons que c'est dans un de ces jardins que se passa cette scène, d'autant plus que tout semble indiquer la préparation à quelques cérémonies religieuses. Ce jeune faune mieux fait et d'un visage plus agréable qu'ils ne le sont ordinairement, n'apporte-t-il pas l'eau lustrale qu'il vient de puiser[4] dans la *Situla* qu'il tient à la main, sur laquelle sont représentées deux petites figures. Il va la présenter à la femme qui lui parle; car l'on ne pouvoit entrer dans un temple, encore moins s'occuper d'objets sacrés, sans avoir répandu sur soi de cette eau[5]. C'est ce que fera la jeune prêtresse ou initiée qui reçoit, sur un plateau singulièrement orné, les couronnes du sacrifice. C'étoit une jeune initiée[6] qui étoit chargée de faire

---

et nuancés de différentes couleurs. *Pictæ vestes jam apud Homerum fuere, unde triumphales: acu facere id Phryges invenerunt, ideoque Phrygiones appellatæ sunt.* Plin., lib. VIII, cap. 48; Plaut., cité par Servius, *ad Æneid* ., lib. III, v. 483.

(1) Toutes les chairs de cette femme sont blanches. Le peintre aura voulu suivre l'image des poëtes.

> *Niveo natat ignis in ore*
> *Purpureus.*
> Stat., *Achill.*, lib. I, v. 161.
> *Niveis... diva lacertis.*
> Virg., *Æneid.*, lib. VIII, v. 387.

Euripide donne à Creuse un pied blanc comme la neige. Med., v. 1169.

(2) *Relligione patrum late sacer, undique colles Inclusére levi, et nigrâ nemus abjete cingunt.*
> Virg., lib. VIII, v. 598.

Ils étoient aussi respectés que les temples. Sophocl., *OEdip. à Colon.* Tibull., lib. I, eleg. 1, a dit:

> *Nam veneror, seu stipes habet disertus in agris,*
> *Seu vetus in trivio florea serta lapis.*

(3) Ceux d'Aphite en Thrace étoient si beaux, qu'Agésipole, roi de Sparte, qui les avoit vus, s'y fit transporter pour y mourir. Xenoph., *Hist. græc.*, lib. V. cap. 9. Voir sur ces jardins, Lucien, t. II; Apollodor., lib. III, cap. 9; Sophocl., *OEdip. à Colon.; Schol.* Juvén., sat. vi, v. 488. Platon, dans sa prose enchanteresse, en parlant de ceux qui environnoient le temple d'Agra sur les bords de l'Illisus, s'exprime ainsi: Χαριεντα γουν και καθαρα και διαφανη τα υδατια φαινεται, και επιτηδεια κοραις παιζειν παρ' αυτα. *Phæd.*

(4) L'eau de la mer, *Schol.* Hom., *Iliad.*, lib. I, v. 314; l'eau de certains canaux étoit de l'eau lustrale. Hesych. *in voc.*, Περοι. L'eau de l'Illisus avoit la même qualité. *Polyæn.* Strat., lib. V, cap. 17.

(5) Lucien, *De Sacrif.*

> *Casta placent superis, pura cum veste venite,*
> *Et manibus puris sumite fontis aquam.*
> Tibull., lib. II, el. 11, v. 13.

(6) *Schol.* Aristoph., *Ran.*

la couronne dont on paroit la statue d'Iacchus, lorsqu'aux fêtes de Cérès on la portoit du Céramique à Éleusis. Peut-être cette peinture offre-t-elle une allusion à cet usage.

PLANCHE XVIII.

Un guerrier d'une taille gigantesque poursuit et atteint un homme nu et sans armes qu'il s'apprête à percer de son javelot; celui-ci le supplie en vain, et presse son cheval pour lui échapper : il est au moment de périr.

Ne seroit-ce pas le bel et touchant épisode de Lycaon[1], fils de Priam? du moins Homère le peint à nos yeux comme il est représenté sur la peinture grecque :

Γυμνον, ατερ κορυθος τε και ασπιδος, ουδ' εχεν εγχος.
Φευγοντ' εκ ποταμου.

Le pétase de voyageur que l'on distingue flottant sur les épaules de ce malheureux jeune homme, la corde qu'il a au pied, indiquent les tristes circonstances de sa vie.

Déja fait prisonnier[2] par Achille à Lemnos, il avoit été vendu par son redoutable vainqueur au fils de Jason. Après une longue captivité il avoit rompu ses fers; onze jours s'étoient écoulés depuis qu'il étoit de retour sous le toit paternel :

Ενδεκα δ'ηματα θυμον ετερπετο οισι φιλοισιν,

et le douzième jour un dieu ennemi le livra de nouveau à Achille, qui, cette fois, altéré du sang des Troyens, et sur-tout de celui des fils de Priam, ne devoit pas lui pardonner.

L'infortuné Lycaon[3] semble avoir été saisi par l'artiste au moment où cette touchante prière s'échappe de ses lèvres :

Μη με κτειν' επει ουχ ομογαςτριος Εκτορος ειμι
Ος τοι εταιρον επεφνεν ενηεα τε κρατερον τε.

---

(1) Hom., *Iliad.*, lib. XXI, v. 34 et seq.

(2) On dépouilloit les prisonniers de tous leurs vêtements lorsqu'on les mettoit à l'encan, et souvent les habits étoient plutôt achetés que l'homme. Plutarq., *Apophtheg. Laced.* En choisissant son sujet l'artiste aura peut-être voulu faire allusion à cet usage.

(3) Il est dans l'attitude d'un suppliant; ou tendoit les deux mains.

μητρι φιλη ηρησατο χειρας ορεγνυς. Homer., *Iliad.*, lib. 1, v. 351. Voir encore lib. XXJ; Moschus, *in Europ.*; Plutarq., *Camill. vit.*

Quelquefois on ne tendoit que la main droite comme sur ce vase.

Ille humilis supplexque oculos dextramque precantem Protendens.

Virg., *Æn.*, lib. XII, v. 930.

Patrocle est mort! et tu crains de mourir, lui répond son implacable ennemi:

Τιη ολοφυρεαι ουτως;
Κατθανε και Πατροκλος, οπερ σεο πολλον αμεινων[1].

Il est vrai que le prince des poëtes ne parle point du cheval que nous voyons sur le vase; qu'au contraire, il dépeint le jeune guerrier embrassant les genoux de son cruel adversaire[2]. Mais ne seroit-ce pas une heureuse idée du peintre pour mieux faire deviner le héros de son sujet[3]? Il n'y avoit que l'élève de Chiron, le guerrier aux pieds légers, ποδας ωκυς Αχιλλευς, qui pût atteindre un cheval à la course; lui seul[4], selon les poëtes, en avoit la légèreté. Souvent il faut expliquer les peintres par les poëtes comme on explique quelquefois les poëtes par les peintres.

D'ailleurs le mors étant paré du παρηιον[5], il est certain que c'est le fils d'un roi, ou un roi lui-même, qui monte ce superbe coursier. Il n'y avoit qu'eux qui pouvoient s'en servir. Βασιληει δε κειται αγαλμα.

(1) Ce passage justement célèbre a été imité même par des auteurs anciens, entre autres par Lucrèce, lib. III, v. 1055.

Ipse Epicurus obit decurso lumine vitæ;
. . . .
Tu vero dubitaris et indignabere obire!

(2) La cotte d'armes de ce héros semée d'étoiles rappelle la cuirasse qu'Homère donne à Achille.

Θωρηκα περι σ'τηθεσσιν εδυνεν,
Ποικιλον, αστηροεντα.

Iliad., lib. XVI, v. 133 et 134.

(3) La taille très élevée du guerrier à pied de cette peinture auroit pu le faire prendre pour Ajax, à qui Philostrate, exagérant sans doute, donne onze coudées de hauteur, c'est-à-dire dix-sept pieds; mais nous ne connoissons aucun trait de sa vie qui ait rapport au sujet que nous expliquons.

(4) Stace a comparé la rapidité de sa course à celle des chevaux que montoit Castor.

Protinus ille (Achilles) subit rapido quæ proxima saltu Flumina.....

      Qualis vada Castor anhelo
Intrat equo.

Stace, *Achill.*, lib. I, v. 180.

Dans ce même poëme voici comment Achille lui-même rapporte la manière dont il a été élevé par Chiron:

Vix mihi bissenos annorum torserat orbes
Vita rudis, volucres cum jam prævertere cervos
Et Lapithas cogebat equo, præmissaque cursu
Tela sequi.

Lib. V, v. et 110 et seq.

(5) Hom., *Iliad.*, lib. VI. C'étoit un ornement d'ivoire et de pourpre que l'on mettoit à la mâchoire du cheval.

Nᵒ VII.

PLANCHE XIX.

Un jeune homme à peine sorti de l'enfance est monté sur un cheval vigoureux; il tient de la main droite les rênes, et semble de la gauche caresser le cheval. Devant lui est le gymnasiarque couronné de laurier, vêtu de son ample manteau, et tenant à la main la baguette[1], signe de l'autorité.

Ce sujet nous rappelle un usage des Grecs. Xénophon[2] leur reproche de laisser les jeunes gens perdre leur temps à dompter les chevaux, au lieu de les engager à s'instruire sous un bon maître à bien monter et à bien sôigner leurs coursiers. Ce sont les anciens qui s'en occupent, ajoute-t-il, au lieu de s'occuper de leurs amis, et des intérêts civils et militaires de leur patrie. Dans la peinture que nous avons sous les yeux, le jeune homme qui vient de dompter un coursier fougueux reçoit les félicitations du gymnasiarque, ou peut-être même d'un chef de la république.

Ce vase a été trouvé à Barri. La peinture en est d'une finesse et d'une précision remarquable, et par le sujet qu'elle traite elle peut servir à fixer l'époque où l'on faisoit ces vases[3].

(1) On les appeloit σκηπτουχοι, mot qui désigne tout homme qui porte un bâton; mais il signifie souvent, selon la place qu'il occupe, un homme revêtu d'une puissance quelconque. EUSTATHE, *ad Homer., Iliad.,* lib. I, v. 279. Ce sceptre n'étoit d'abord qu'une branche d'arbre :

Ναι μα τοδε σκηπτρον, το μεν ουποτε φυλλα και οζους
Φυσει, επειδη πρωτα τομην εν ορεσσι λελοιπεν
Ουδ' αναθηλησει · περι γαρ ρα ε χαλκος ελεψεν
. Φυλλα τικαι φλοιον.
HOMER., Iliad., lib. I, v. 234.

Mais tandis que celui des rois n'étoit encore qu'un morceau de bois, celui des prêtres étoit d'or : Χρυσεω ανα σκηπτρω. HOM., *Iliad.,* lib. I, v. 15.

(2) HIPPIC., *in Principio.*

(3) L'exercice du cheval n'a commencé qu'assez tard en Grèce; il étoit inconnu dans les temps héroïques. POLL., lib. I, 141; JUL., *De reb. gest., Const.,* lib. II. Cependant l'art de conduire un char et d'y atteler des chevaux étoit alors fort connu; il résulte de là que, quoi qu'en dise Lucrèce, lib. V,

Et prius est repertum in equi conscendere costas,
Et moderarier hunc fræno dextraque vigere,
Quam bijugo curru belli tentare pericla.

l'équitation est postérieure à l'art de conduire un char.

Du temps d'Homère elle étoit en vigueur, comme on le voit dans cette comparaison,

Αμφ' ενι δουρατι βαινν, κεληθ' ως ιππονελαυνον.
Odyss., lib. V, v. 371.

Et dans ce vers de l'*Iliade*, lib. X,

ιππον επεβησατο

Γκελητιζον, dit EUSTATHE, *ad h. vers.* Κελης, selon le scoliaste, est un cheval seul : Ο ιππος αζυτος, ιππος μονος; *Magn., Etymol.,* dit que c'est un cheval : Μοναμπυξ και δρομικος, ο νυν βαλλαριος λογομενος; enfin Eustathe dit autre part que c'est un cheval sans char : Ανευ αρματος.

Les peuples de la Grèce n'eurent de cavalerie que vers le temps de la première guerre de Messène, et même alors ils n'étoient pas très habiles à manier les chevaux. PAUSAN., lib. IV, p. 295. Ce ne fut qu'à la xxxiii° olympiade qu'on introduisit la course des chevaux aux jeux olympiques. PAUSAN., lib. V. Avant ces deux époques quelques hommes audacieux, comme Bellérophon, Jasius, Hercule lui-même, ont peut-être dompté quelques uns de ces nobles animaux; mais ce n'étoit que des faits particuliers, extraordinaires. Ce n'est que tard que l'équitation fut d'un usage général dans ces pays, où ce bel animal n'est pas indigène. PLIN., lib. XXVIII, cap. 10; HEROD., lib. VIII, 124.

Sujet d'un Vase de la même forme.

Sujet d'un Vase de la même forme.

Sujet d'un Vase de la même forme.

Sujet d'un Vase de la même forme.

Sujet d'un Vase de la même forme.

Sujet d'un Vase de la même forme.

PLANCHE XX.

La victoire que Thésée remporta sur les Amazones aux portes même d'Athènes fut aussi célèbre que celle de Marathon, puisque Micon[1] fut chargé de la retracer également sous le portique dit Pécile[2].

Nous pensons que la planche XX représente un épisode de cette victoire, peut-être même du tableau de Micon; car Aristophane[3] dit expressément que cet artiste avoit peint des femmes combattant à cheval des hommes à pied. Plutarque[4] décrit l'endroit où cette bataille fut donnée; il résulte de cette description qu'Athènes en s'agrandissant envahit par la suite ce champ de sa gloire, et que par conséquent ce fut dans une plaine que les deux armées se rencontrèrent[5]. Or les environs d'Athènes étoient ombragés, entre autres plantes, de laurier[6], ainsi que nous le voyons sur la peinture.

Nos Amazones ne sont pas revêtues de l'habit scythe, qui consistoit en un vêtement et un pantalon de peau de bête[7], comme on les voit souvent sur les vases; elles portent des tuniques, attachées sous la gorge par une courroie[8], costume commun aux nymphes de Diane et à cette déesse elle-même[9]. Elles

---

(1) ARRIEN, *Expedit. Alexand.*, lib. XII, 13. Il faut lire προς Μικωνος, au lieu de προς Κιμωνος, comme l'observe M. Bœttiger.

(2) PAUSANIAS, lib. 1, cap. 5.

(3) *Lysistrata,* v. 679.

(4) *Vit. Thes.*

(5) Par exemple, il dit que les Athéniens furent repoussés jusqu'au temple des Euménides; ce qui ne peut signifier que l'endroit où fut élevé ce temple, puisqu'il n'existoit pas du temps de Thésée, et qu'il ne fut bâti qu'après le jugement d'Oreste.

(6) SOPHOCL., *OEdip. à Colon.*:

Χωρος . . . . . βρυων
Δαφνης, ελαιας, αμπελου.
V. 16 et 17.

(7) STRABON, lib. XI, p. 771; et XII, p. 859. Voyez, sur l'histoire des Amazones, DIODORE, lib. III; HÉRODOTE, lib. IV, cap. 7; JUSTIN., lib. II, cap. 4.

(8) *Aurea subnectens exsertæ cingula mammæ*
Bellatrix, audetque viris concurrere virgo.
VIRG., *Æn.*, lib. I, v. 496.

Sénèque dit que l'Amazone Hippolyte avoit une ceinture:

Aurato religans ilia baltheo.

et une autre:

Nivei vincula pectoris.
Hercul. fur., v. 542, 544.

(9) VISCONTI, *Pio Clem.*, tom. II; ÆSCHYL., *Euménides.* Voici comment Quinte-Curce décrit l'habillement des Amazones: *Vestis non toto Amazonum corpore obducitur; nam læva pars ad pectus est nuda, cætera deinde velantur; nec tamen sinus vestis quem nodo colligunt; infra genua descendit.* QUINT.-CURT., lib. VI, §. 13. Elles portoient deux lances. *Ibid.*

ont sur la tête la mitre phrygienne[1], et non pas leur bonnet garni de fourrure ou fait de peau de bête assez semblable à une peau de renard[2], αλωπεκη. Elles ne sont armées que de simples piques ou javelots[3] : une seule est chaussée des brodequins, ευδρομιδες[4].

Les deux Grecs qu'elles poursuivent sont tous deux dans la même attitude; ils rappellent la pose du gladiateur : c'est celle de tout combattant qui oppose son bouclier au moment de frapper de la main droite, sorte de mouvement qui devoit être très usité dans la gymnastique des anciens. Un de ces deux guerriers a la tête entièrement cachée par son bouclier, ce qui est une nouvelle preuve que cette peinture représente une partie du combat du Pnyx; car Phidias[5], qui le représenta sur le bouclier de Minerve, y plaça Périclès lançant un javelot, et dont le bras lui couvroit presque entièrement la tête[6].

Ce vase a été trouvé à Saint-Agata de Goti.

PLANCHES XXI, XXII.

L'hospitalité, cette vertu de l'enfance des peuples, se voit pratiquée chez les nations les plus anciennes. Les Egyptiens[7], les Hébreux[8], les Ethiopiens[9],

---

(1) Elle avoit quatre bandes, *Redimicula*, Wixkel., *Mon. inéd.*, n° 12, dont deux tomboient sur les épaules et deux servoient à attacher sous le menton :

Mæonia mentum mitra... subnixus.
Virg., Æn., lib. IV, v. 216.

Elles sont lâchées dans les *Propyles*, lib. IV, p. I, p. 150. Visconti, *Mus. Pio*, tom. II, p. 70.

(2) Strab., lib. XI, p. 769.

(3) Il y avoit deux espèces de lances ou plutôt deux manières de s'en servir, comme dit Strabon : Διττη γαρ η των δορατων χρησις· η μεν εκ χειρος, η δ' ως παλτοις. Strab., lib. X. Avec la première on pouvoit attaquer de près comme faisoient les Eubéens :

Αιχμηται μεμαωτες ορεκτησι μελιησι
Θωρηκας ρηξειν.
Homer., Iliad., lib. II, v. 543.

Il y en avoit de quinze coudées. Xenoph., *De exped. Cyri*, lib. IV, p. 338. Celle d'Hector n'étoit que de onze coudées :

Εν δ' αρα χειρι
Εγχος εχ' ενδεκαπηχυ.
Homer., Iliad., lib. VIII, v. 494.

On lançoit l'autre de loin, comme font Hector et Achille dans l'*Iliad.*, lib. XXII, v. 273-76, v. 289. Voyez encore Theoc., *Idyll.*, XXII. Elle se nommoit κοδαρκη; c'est celle dont se servoit Penthésilée. Lucian., *Imag.*; Quint. Calab., lib. I, v. 237.

(4) Ευδρομιδες, brodequins propres à Diane et aux chasseresses. C'est ainsi qu'on voit cette déesse sur une médaille de Mitilène. Spanh., *Hymn. in Dian. ad* v. 12,

p. 175; Pollux, lib. VII, cap. 93; Callimach., *Hymn. in Del.*, v. 238.

(5) Plutarq., *Vit. Pericl.*

(6) Si l'on veut voir l'énumération de tous les monuments où des combats de Grecs et d'Amazones étoient représentés, on n'a qu'à consulter Mill., *Vas. antiq.*, tom. II, pl. 61. On voit aussi sur ce vase un guerrier qui a le visage presque entièrement couvert de son bouclier.

(7) L'accueil favorable qu'ils firent à Ménélas et à Hélène du temps de la guerre de Troie et les fréquents voyages des sages de la Grèce, sont de sûrs témoignages de l'hospitalité des Egyptiens. Homère nous apprend que leur roi craignoit Jupiter Hospitalier :

Διος δ' απιζετο μηνιν
Ξεινιου.
Odyss., lib. XIV, v. 283.

(8) *Genes.*, cap. XVIII, vers. 2 et seq.; cap. XIX, vers. 2 et seq. Les habitants de Hus pratiquoient aussi cette vertu. Job, cap. XXXI, vers. 32.

(9) Les Ethiopiens recevoient les dieux, dit Homère, et les régaloient pendant plusieurs jours :

Ζευς γαρ επ' Ωκεανον μετ' αμυμονας Αιθιοπηας
Χθιζος εβη μετα δαιτα · (θεοι δ' αμα παντες εποντο ·)
Δωδεκατη δε τοι αυθις ελευσεται Ουλυμπον δε.
Homer., Iliad., lib. I, v. 423 et seq.

Ce poëte ne fait-il pas allusion à la coutume que ces peuples avoient de bien traiter les étrangers? Voyez cependant l'*Odyssée*, lib. I, v. 22 et seq. Quoi qu'il en les Perses[1] eux-mêmes malgré leur morgue, les anciens peuples[2] de l'Italie malgré leur férocité, les Germains, les Gaulois, les Celtibériens, les peuples Atlantiques, les Indiens[3], tous observoient avec une religieuse exactitude les droits de l'hospitalité.

Mais c'est sur-tout en Grèce qu'on pratiquoit cette vertu d'une manière touchante. Les planches XXI et XXII en retracent deux scènes, à ce qu'il nous semble. Ce vieillard vénérable qui, dans la dernière, s'appuie d'une main sur un bâton, tandis qu'il serre de l'autre la main d'un jeune guerrier voyageur (comme l'indique son pétase), remplit le premier de ces devoirs sacrés[4]. C'est sur-tout la main droite[5] que l'on tendoit aux étrangers, ainsi que nous le voyons sur la peinture, et on lui prodiguoit en même temps les noms les plus chers[6]. Les infirmités de ce vieillard l'ont sans doute empêché de courir[7], selon l'usage, au-devant de son hôte; mais elles ne l'empêchent pas d'exercer autant qu'il est en lui tous les droits de l'hospitalité. Rien ne pouvoit en dispenser, pas même la douleur la plus cuisante, pas même la perte d'une épouse chérie[8].

---

soit, Héliodore les loue en particulier de ce qu'ils exerçoient l'hospitalité.

(1) On sait comment les rois des Perses recevoient les illustres fugitifs de la Grèce. Voyez Hérodote et Cornélius Népos, *Vit. Themist.*

(2) ÆLIEN, *de Var. hist.*, rapporte une loi des Leucaniens qui condamnoit à l'amende ceux qui auroient refusé de loger les étrangers qui arrivoient après le soleil couché.

(3) Aux Indes il y avoit un magistrat établi pour fournir aux voyageurs les choses nécessaires à la vie, et avoir soin de leurs funérailles s'ils mouroient dans le pays. PHILOSTR., *Vit. Apoll.*

(4) On prenoit toujours son hôte par la main. HOM., *Odyss.*, lib. I, v. 118; lib. VII, v. 168; lib. XIX, v. 415.

(5) HOMER., *Iliad.*, lib. IX, v. 196. Ces coutumes avoient lieu aussi en Italie. CICER., *pro Dejotar.*, n° 111, §. 8:

> *Excepitque manu, dextramque amplexus inhæsit.*
> VIRG., Æn., lib. VIII, v. 124.

Servius à ce vers nous donne la raison de cet usage d'après Varron: *Varro Callimachum secutus asseruit omnem eorum honorem dexterarum constitisse virtute, ob quam rem hac se venerabantur corporis parte.* D'ailleurs prendre la main étoit une marque d'amitié: Φιλικον το δεξιοσασθαι. EUSTATH., *ad Iliad.*, lib. VI. Voyez HOM., *Il.*, lib. IV, v. 154; lib. X, v. 546. C'est ce que nous apprend encore Xénophon: Ακουσας ταυτα ο Αγεσιλαος ελαβε της χειρος αυτου, και ειπε. XENOPH., *Hellen.*, lib. IV.

(6) On lui donnoit le nom de père ou d'ami: χαιρε πατερ ο ξεινε. HOMER., *Odyss.*, lib. VIII, v. 408. Και συ φιλος μαλα χαιρε, répondoit l'étranger. *Ibid.*, v. 413. Voyez encore HOM., *Odyss.*, lib. VIII, v. 145; lib. VII, v. 28, 48. On l'appeloit aussi son maître. χαιρε ο δεσποτα. XENOPH., *Pædia*, lib. VII. D'autres fois son frère ou son fils. Tous ces noms étoient donnés plutôt selon l'âge que selon la qualité de celui qu'on recevoit; car on ne s'en informoit qu'après le festin qu'on lui donnoit. HOMER., *Odyss.*, lib. I, v. 126 et 169, et seq.; lib. XIV, v. 45-8.

(7) HOMER., *Odyss.*, lib. I, v. 118 et seq. Si l'on se présentoit dans une assemblée, chacun se levoit et alloit prendre à son tour la main de l'étranger:

> Ως ουν ξεινους ιδον αθροοι ηλθον απαντες
> Χερσιν τ' ησπαζοντο.
> HOMER., Odyss., lib. III, v. 34.

C'est ce qui avoit lieu aussi dans les Indes: Προσιοντα δε τον Απολλωνιον οι μεν αλλοι σοφοι προσηγοντο ασπαζομενοι ταις χερσιν. PHILOSTRAT., *Vit. Apollon.*

(8) EURIPID., *Alcest.* Admète venoit de voir expirer sa femme, qui s'étoit dévouée pour lui, au moment où Hercule vint renouveler les droits de l'hospitalité.

Ce prince pour mieux l'accueillir,

> Ου πρεπει θοινωμενους
> Κλυειν στεναγματων, ουδε λυπεισθαι ξεινους.
> EURIPID., Alceste, v. 549.

dissimula son chagrin autant qu'il put, cacha même à son hôte la perte douloureuse qu'il venoit de faire, et ordonna aux siens de le fêter comme si rien ne lui étoit arrivé. Il faut lire dans Euripide les raisons touchantes qu'Admète donne de sa conduite:

> Αλλ' ει δομον σφε και πολεως σπηλασα
> Ξενον μολοντα, μαλλον αν μ' επηνεσας;

Dans la planche XXI un roi que l'on reconnoit à son manteau et à son sceptre, après avoir serré la main de l'étranger, a ordonné de lui apporter de l'eau pour faire les ablutions qui suivoient le premier accueil :

Χερνιβα δ' αμφιπολος πρόχοψ επεχευε φερουσα
Καλῃ, χρυσειῃ υπερ αργυρεοιο λεβητος
Νιψασθαι [1].

C'étoit un esclave [2] qui apportoit les vases nécessaires, le πρόχοος et le λεβης ; d'autres fois c'étoient les princesses elles-mêmes qui s'acquittoient de ce devoir [3].

Dans la planche XXII on n'apporte qu'une espèce de patère ; c'est pour faire les libations :

Ἱνα και Διι τρεπτικεραυνῳ
Σπεισομεν, ος δ' ικετασιν αμ' αιδοιοισιν οπηδει [4].

PLANCHE XXIII.

C'étoit l'usage dans les premiers temps de l'antiquité de faire un sacrifice à Vénus avant d'entreprendre quelques conquêtes ou de disputer une victoire périlleuse [5]. C'est ce devoir que remplit Hercule dans cette peinture ; car nous ne pouvons nous empêcher de reconnoître Vénus dorée, ΧΡΥΣΗ Αφροδιτη [6], *Aurea Venus* [7], dans le simulacre qui se voit sur une colonne d'ordre dorique

Ου δητ', επει μοι συμφορα μεν ουδεν αν
Μειον εγινετ', αζηνιστρος δ' εγω.
Και προς κακοισιν, αλλο τουτ' αν ην κακον
Δομοις καλεισθαι τους εμους εχθροξενους.
EURIPID., *Alceste*, v. 353 et seq.

(1) HOMER., *Odyss.*, lib. VII, v. 172.

(2) Ibid., *ibid.*

(3) ATHEN., lib. I. Homère en donne d'autres exemples en parlant d'Hélène, de Nausicaa, et de Polycaste.

(4) HOMER., *Odyss.*, lib. VII, v. 180. On présentoit encore du pain, du vin, et du sel, pour faire une espèce de sacrifice aux dieux hospitaliers.

(5) ATHEN., lib. XIII, cap. 4. Plutarque nous apprend que Thésée sacrifia à Vénus avant de se rendre en Crète pour combattre le Minotaure. *In vit. Thes.* Voyez LACTATIUS, *ad Thebaid.*, lib. XII, cité par Meursius, *in Thes.*, cap. 13 ; PAUSAN., lib. III. Les trois cents Spartiates avant de combattre aux Thermopyles sacrifièrent aussi à cette déesse.

(6) HOMER., *Iliad.*, lib. XXII, v. 470 ; LUCI., *Charid.*; HÉSIOD., *Théog. passim*. Aussi Plutarque unit-il la victoire, NIKH, à Vénus. PLUTARQ., *de Is. et Osis.*

Cicéron, *in Verr.*, parle d'un fleuve Chrysas auquel on rendoit les honneurs divins en Sicile. Diodore, lib. XIV, en parle aussi ; mais il ne faut que jeter un coup d'œil sur la peinture pour voir qu'il s'agit d'une déesse et non d'un dieu. On connoit encore une île de

ce nom. Plutarque, *Vit. Hom.*, la place dans la Troade ; d'autres auteurs pensent qu'elle étoit située près de Lemnos. Voyez Choiseul-Gouffier, *Voyage pittor. de la Grèce*, tom. II, pag. 131. On y rendoit un culte à un *palladium*, ΧΡΥΣΗ. Ce seroit une erreur de penser, à cause de ce nom *palladium*, que c'est de Minerve qu'il s'agit. Phérécydes nous apprend que l'on nommoit autrefois *palladium* toute statue qui n'étoit point faite de main d'homme, et que l'on supposoit être tombée du ciel. TZETZ., *in Lycophr.*, v. 355. D'ailleurs, si dans notre peinture on avoit voulu représenter un sacrifice à Minerve, la victoire auroit été parèdre au lieu d'être ministre de cette divinité : Μαλιστα δε και την Νικην αυτῃ (Αθηνῃ) υπαρεδρον διδοασιν. *Fornut.*, cap. 10. On nommoit parèdres ou homobomes les divinités qu'on honoroit sur un même autel. HESYCH., *in voc.*, ομοβομοι; DARNAUD, *de Diis parædris*, cap. 22. Quoi qu'il en soit, l'établissement de l'autel, ΧΡΥΣΗ, est attribué à Hercule, *Schol. Sophocl. Philoct.*, ad v. 193, ou à Jason. PHILOSTRAT., *Jun. Icon.*, cap. 17.

C'est ΧΡΥΣΗ que l'on lit sur le vase ; le graveur a tronqué l'inscription.

(7) VIRG., *Æn.*, lib. X, v. 16. Cette déesse étoit ainsi surnommée à cause de la blonde chevelure qu'on lui donnoit : *Aurea Cæsaries*. On la représentoit toujours avec une couronne, comme l'indique l'épithète ευστεφανη

au-dessus de l'autel fait de pierres[1]. Hercule, ΗΡΑΚΛΗΣ, que l'on ne reconnoît qu'à l'inscription placée sur sa tête, couronné de laurier, les pieds nus[2], revêtu de l'habit sacerdotal, dépouillé[3] de tous les attributs auxquels on le distingue ordinairement, est lui-même le sacrificateur selon un autre usage des premiers temps de la Grèce, où les princes étoient tout à-la-fois rois et pontifes[4]. Il va immoler un jeune bœuf de cinq ans[5] à la divinité qu'il implore. Cet animal est orné comme les auteurs anciens désignent ceux qu'on destinoit aux sacrifices :

> *Sertis revinctus aut per armos floreis*[6].

ou plutôt comme ceux que l'on chérissoit et que l'on élevoit :

> *Demissaque in armos*
> *Pendebant tereti gemmata monilia collo,*
> *Bulla super frontem parvis argentea loris*
> *Vincta movebatur, parilique ætate nitebant*
> *Auribus e geminis circum cava tempora bacca*[7].

La fidèle compagne du héros, la Victoire, ΝΙΚΗ, représentée avec des ailes[8], l'assiste au sacrifice ; elle lui sert de υπηρετης[9], de ministre ; elle va lui présenter le vase de purification et les tablettes d'imprécation contre les profanes[10] avec

---

que lui donnent les poëtes : ἐυστέφανον Κυθέρειαν. Hésiod., *Théog.*, v. 196. Orphée dit que Vénus se plaît à avoir des couronnes : Τερπομενη θαλιασι. Orph., *Hymn. in Vener.*, v. 8 ; et Homère dans ses deux poëmes et dans les hymnes qu'on lui attribue la nomme même χρυσοστέφανη, qui porte une couronne d'or :

Αιδοιην χρυσοστεφανον καλην Αφροδιτην.
Homer., *Hymn. in Vener.*, v. 1.

(1) D'abord les divinités ne furent représentées que par des pierres cubiques ou sphéroïdes. Paus., lib. VII, cap. 32. Ensuite quand l'art du statuaire se perfectionna, on fit des statues des dieux, mais on conserva pendant quelque temps le même respect pour les pierres qui les avoient représentés. Paus., *ibid.* Enfin, Duport, dans *Théophr.*, cap. 16 ; Dion, p. 11, nous apprennent que des pierres entassées les unes sur les autres servoient quelquefois d'autel.

(2) *Discinctis mos tura dare atque e lege parentum*
Sacrificam lato vestem distinguere clavo
Pes nudus, tonsæque comæ, castumque cubile
Irrestincta focis servant altaria flammæ.
Silius Italicus, lib. III, v. 26.

Huc pede matronam vidi discendere nudo.
Ovid., *Fast.*, lib. IV, v. 397.

(3) Hercule sans la peau du lion. Voyez Millin, *Vases antiq.*, tom. II, p. 31.

(4) Homer., *Iliad., Odyss. passim.* ; Plutarq., *de Is. et Osir.* ; Arist., *Polit.*, lib. III, cap. 10 ; Demosth., *adv. Neær.*

Denys d'Halicarnasse, lib. I, *Roman. antiq.*, nous apprend qu'Hercule sacrifia un bœuf à Jupiter en action de grace de sa victoire sur Caccus.

(5) Homer., *Iliad.*, lib. II, v. 403 ; lib. VII, v. 315. Diomus fut le premier qui osa violer cet usage à Athènes. Porphyr., *de Abstin.*, lib. II, §. 10.

(6) Aurelian., *Prudent.*, περ. στεφαν., *in Romani agone.*

(7) Ovid., *Métam.*, lib. X, fab. 111.

(8) Elle avoit des ailes comme l'amour : Νεωτερικον το την Νικην και τον Ερωτα επτερουσθαι. Aristoph., *in av.* 574 *cum Schol.* Silius Italicus dit qu'elle étoit blanche ainsi que ses ailes :

Niveis victoria concolor alis.
Lib. XV, v. 99.

Cependant les Athéniens et les Spartiates avoient l'habitude de peindre la victoire sans ailes, voulant indiquer par là qu'elle ne devoit jamais les abandonner. Pausan., lib. I, cap. 22. On l'appeloit alors Απτερος. Pausan., lib. III, cap. 15.

(9) Poll., *Onomast.*, lib. I, §. 14.

(10) Lucian., *de Sacrif.*

des branches de laurier[1] qu'il va jeter dans les flammes que l'on voit sur l'autel. Ce jeune enfant à gauche, qui est auprès de l'acerra, qui tient en main la coudée, le terrible attribut de Némésis[2], est sans doute le jeune Hylas qu'Hercule aima tant; la coudée lui a été donnée par le peintre, soit qu'elle servit aux sacrifices[3], soit pour marquer le sort funeste qui lui étoit réservé[4]. Mais quel est cet autre personnage la causia ou le pétase en tête, vêtu d'une chlamyde et tenant deux lances? C'est ce que nous ne pouvons déterminer. M. Milligen lit au-dessus de cette figure ΙΗΣΩΝ[5], et croit par conséquent que c'est le héros de la Toison d'or. Ce qui s'accorderoit avec notre conjecture sur Hylas[6], et ce qui pourroit être corroboré par les sandales bien marquées que nous lui voyons aux pieds[7]. Mais une lettre que nous avons de M. l'abbé Mazzola ne nous permet pas de douter que cette inscription ne soit ΙΟΕΩΝ[8]. Il a eu la bonté de la confronter lui-même.

Ce vase a été trouvé à Saint-Agata de Goti.

(1) C'étoit particulièrement sur les autels de Vesta que l'on brûloit des branches de laurier, d'olivier, de myrthe, et de toutes les plantes nommées vervaine. Serv., *ad Æn.*, lib. XII, v. 130; Arnob., lib. V. Mais il est probable qu'on en brûloit en l'honneur d'autres divinités.

(2) *Antholog.*, lib. IV, cap. 12.

(3) Tishbein, tom. II, pl. 21.

(4)   *Hylan nautæ quo fonte relictum*
Clamassent : ut littus Hyla, Hyla, omne sonaret.
Virg., *Eglog.*, vi, v. 44 et 45.

Il y avoit des enfants attachés à presque toutes les divinités pour servir aux sacrifices qu'on leur offroit, parcequ'on croyoit que leur innocence pouvoit rendre seule favorables les dieux. Celui qui étoit attaché à Eleusis se nommoit l'enfant du sanctuaire, ou l'enfant du temple, ou seulement l'enfant sacré. Porph., *de Abstin.*, lib. IV, §. 5; Homer., *Orat.*, XXIII, §. 7 et 8. A Elatée il y avoit un jeune homme qui devoit servir cinq ans aux sacrifices de Minerve; il quittoit cet emploi aussitôt qu'il avoit de la barbe. Pausan., X, c. 34. Ces enfants s'appeloient à Rome *Cadmilli.* Flacc., *de Signif. verb.*, lib. III; Serv., *ad Æn.*, lib. XI, v. 558.

Cet usage est encore rapporté dans un fragment d'Hésiode, *Ap. Athen. in Cæis.* :

Ευρυγυες δ' εn κουρος Αθηναων ιερααν.

(5) Peintures antiques et inédites, planch. LI.

(6) C'est pendant le voyage des Argonautes que ce malheureux jeune homme se noya. Diodore de Sicile, lib. IV, dit qu'Hercule étoit le capitaine de cette expédition; ce seroit en cette qualité qu'il feroit le sacrifice à Vénus pour la rendre favorable à la grande entreprise à laquelle tant de héros se préparoient.

(7) Jason s'étant présenté chez Pélias avec une seule sandale, il n'avoit pu retrouver l'autre, cet usurpateur reconnut à ce signe celui que l'oracle désignoit comme son plus redoutable ennemi, et c'est pour le faire périr qu'il le chargea de la conquête de la Toison d'or. Apollod., p. 53; Apollon., *Rhod.*, lib. IV.

(8) C'est ainsi qu'il faut lire; le graveur a encore manqué l'inscription. Peut-être pourroit-on dire que E s'écrivant à peu près comme Σ et O ayant deux raies comme H, on pourroit lire ΙΗΣΩΝ. Il faudroit avoir le vase sous les yeux pour voir quel degré de probabilité peut avoir cette conjecture.

N° IX

Pl. X.

PLANCHE XXIV.

C'étoit assez l'usage de Bacchus de donner pour présent des outres[1] pleines de vin; c'est par là qu'il se concilioit la bienveillance même de ses ennemis[2]; c'est par là qu'il propageoit son culte, comme l'attestent l'histoire d'Icarius[3] et celle du centaure Photus[4].

La planche XXIV représente une de ces libéralités du dieu du vin. Le faune qui a reçu ce présent pense ne pouvoir mieux en marquer sa reconnoissance qu'en avalant le jus divin que contient l'outre. Cette figure est remarquable par les cornes naissantes[5] qui parent son front, et que l'on ne voit ordinairement que sur ceux des satyres[6]. Tandis qu'il boit, un autre faune de l'espèce ordinaire, jaloux de son bonheur, s'élance pour le partager.

Bacchus, tel que nous l'avons décrit plus haut[7], se reconnoît ici autant à ses attributs qu'à son nom ΔΙΟΝΥΣΟΣ que l'on lit sur sa tête. C'est le seul per-

---

(1) Ces outres étoient faites ordinairement de peaux de chèvre :

 Οινον ευφρονα, καρπον αρουρης
 Ασκω εν αιγειω.
Homer., *Iliad.*, lib. III, v. 246.

Elles étoient faites quelquefois de peaux de bœuf :

 Δωκε δε μοι δειρας ασκον βοος εννεωροιο.
Homer., *Odyss.*, lib. X, v. 19.

Ce vase offre une particularité remarquable. Le silène boit à même l'outre, ce qui n'étoit pas d'usage anciennement; ordinairement une coupe l'accompagnoit comme l'atteste ce vers :

 Και μην εφελκω και κοτηρ', ασκου μετα.
Euripid., *Cyclop.*, v. 130.

(2) C'est en donnant des outres de vin aux Titans ses prisonniers, que le Bacchus lydien les fit ranger de son parti. Diodor., lib. III.

(3) Hygin., fab. 130, lib. I; Tibull., lib. IV, *ad Massal. Schol.*; Homer., *ad Iliad.*, lib. X; Pausan., *Attic.*, cap. 2; Nonn. *Dionys.*, lib. XLVII, v. 251 et seq.

(4) Hygin., *Astron. poet.*, lib. II, cap. 39; Diod., lib. IV, cap. 12, *cum Schol. Schol.*; Theocr., *ad Idyll.*, VIII, *circ. fin.*

(5) Cependant Lucien, *in Bacch.*, fait mention de faunes ou silènes dont le front étoit ainsi armé : Ολιγους δε τινας αγροικους νεανισχους ενειναι γυμνους, κορδακα ορχουμενους, ουρας εχοντας, κηρατας, οια τοις αρτι γεννηθεισιν εριφοις αποφυεται. Nonnus leur donne aussi des cornes :

 Τοις μεν επι κροταφοις διδυμαονος αμφι μετωπω
 Οξυτεναις γλωχινες εμηκυναντο κεραιης.
Nonn. *Dionys.*, lib. XIV, v. 135.

Il dit qu'ils étoient vêtus de peaux de lion, de panthère ou de cerf; que leurs oreilles étoient si longues qu'elles flottoient au gré des vents; que leur queue de cheval ornoit majestueusement la partie du corps où elle étoit attachée. *Ibid.*, v. 131-143. Il est vrai que cet auteur les nomme satyres. *Ibid.*, v. 105. Mais à la description qu'il fait on ne peut méconnoitre les silènes. Voyez ce que nous avons dit à la planche XV.

Diodore nous apprend qu'ils étoient ainsi conformés, parceque leur père Silène, roi de Nysa, avoit cette forme. Diod., lib. III.

(6) Les satyres étoient représentés avec des cornes et des pieds de boucs : Ετερον δε τριασπιον ανθρωπον τραγω τα νερθεν εοικοτι κομην τα σκελη, κερατα εχοντα, βαθυπωγωνα. Lucian., *in Bacch.* Nonnus, lib. IX, v. 200, les décrit aussi; il les nomme Pans.

(7) Planche XV, pag. 17.

sonnage intéressant de ce vase, comme l'indique l'inscription. En effet, c'étoit l'usage dans l'origine de la peinture de tracer le nom de chaque personnage au-dessus de leur tête; ensuite, à mesure que l'art fit des progrès, on restreignit cette faculté aux principales figures, et lorsqu'il eut atteint le dernier degré de perfectionnement cet usage s'évanouit[1].

La ménade que nous voyons, un flambeau[2] éteint à la main, n'est là que pour marquer une des qualités du dieu nocturne[3] Νυκτερε, ou pour indiquer à l'observateur que c'est Bacchus *Lamptere*[4] que l'on a représenté[5].

PLANCHES XXV, XXVI.

Les centaures[6], ces monstres de l'antiquité que l'on fait naître des caprices de l'imagination des poëtes[7], ou de celle des peuples qu'épouvantèrent les

[1] Pausan., *Phocid.*, cap. 25. De simples portraits portoient même le nom de la personne dont ils offroient la ressemblance. Pausan., *Arcad.*, cap. 11.

[2] Ce n'étoit pas l'usage de porter un flambeau devant Bacchus ou sa statue, quoique cette coutume fût établie dans le culte de tous les autres dieux. Aristoph., *Plut.*, v. 1195 et seq. Ces flambeaux étoient de bois résineux :

.... *Ferroque faces inspicat acuto.*
Virg., *Georg.*, lib. I, v. 292.

C'étoit avec ces flambeaux qu'on alloit encore au-devant des nouvelles mariées :

Mopse novas incide faces; tibi ducitur uxor.
Virg., *Eglog.* VIII, v. 29.

[3] Ses orgies ne se célébroient que la nuit: Οργια νυκτοφαη. Orph., *Hymn. in Silen.*, v. 10; Tit.-Liv., lib. XXXIX, cap. 10; Stat., *Achilleid.*, lib. I, v. 618.

Nocte sonat Rhodope tinnitibus æris acuti.
Ovid., *Metam.*, lib. IV.

C'étoit pendant la nuit qu'on s'instruisoit des mystères de Bacchus :

Nocte sua est egressa domo regina; deique
Ritibus instruitur, etc.
Ovid., *Metam.*, lib. IV.

Ce sont ces fêtes nocturnes qui ont inspiré ces beaux vers à Virgile :

Illa chorum simulans, evantes orgia circum
Ducebat Phrygias : flammam media ipsa tenebat
Ingentem, et summa Danaos ex arce vocabat.
Æneid., lib. VI, v. 517.

[4] Surnom de Bacchus à Pellène, ville de l'Achaïe où ce dieu avoit un temple, près d'un bosquet, consacré à Diane conservatrice, σωτηρια. Le nom de *Lamptère* lui avoit été donné, parceque pendant sa fête qu'on célébroit la nuit, la procession se rendoit à son temple avec des flambeaux allumés. Paus., *Achaic.*, cap. 17. Bacchus barbu avoit un temple à Egine. Paus., *Corinth.*, cap. 30.

[5] Ce vase a été trouvé à Locri.

[6] Ou Hippocentaures. Ils étoient originaires de Thessalie. On sait que ces peuples furent les premiers des Grecs qui s'occupèrent à dompter les chevaux. Diodor., lib. IV; Plin., lib. VII, cap. 56; Serv., *ad Georg.*, lib. III, v. 115.

Fræna Pelethronii Lapithæ, gyrosque dedere
Impositi dorso, atque equitem docuere sub armis
Insultare solo, et gressus glomerare superbos.
Virg., *Georg.*, lib. III, v. 115.

Or on donnoit le nom de ιππευς ou ιππονους à tous ceux qui s'occupoient de chevaux. Voici donc la première partie de ce nom trouvée. Quant à l'autre, Suétone, *in Neron.*, et Pline, *loc. supr. citat.*, nous disent que ces peuples s'occupoient encore à dompter les taureaux, soit en les perçant de leurs javelots, soit en les prenant par les cornes: *Thessalorum gentes inventum equo juxta quadrupedante cornu intorta cervice tauros necare, primus id spectaculum dedit Romæ Cæsar dictator.* Suet., *in Neron.* La fable vient ici à l'appui des historiens; elle dit que des taureaux furieux ravageoient la Thessalie, et qu'Ixion ayant promis de grandes récompenses à ceux qui en délivreroient le pays, des jeunes gens de Néphélé (de la Nuée), montés sur des chevaux, en vinrent à bout. Palæphat., *de Fab. narrat.*, lib. I. Ce qui fit ajouter au premier nom de ιππευς celui de κενταυρος, formé de κεντρον et de ταυρος, *perce-taureau.* De ces trois noms on forma hippocentaures. Tzetzes n'approuve pas cette étymologie; il croit qu'il auroit fallu alors κεντοταυρον, mais c'est à tort : dans l'union de deux mots les syllabes semblables se confondent souvent en une. Visconti propose de faire dériver ce nom de κεντειν et αυροι, *perce-oreilles*, parceque les premiers cavaliers se servirent de ce moyen pour dompter les chevaux. Viscont., *Mus. Pio Clement.*, IV, 55.

[7] Cependant il y a eu des auteurs qui ont cru de

cruautés de ces premiers cavaliers, pourroient bien n'être que des symboles hiéroglyphiques qui auroient rapport à la naissance de l'équitation[1] : *Quod equo multum sint usi.*

En effet, dans l'origine les centaures étoient des hommes auxquels on attachoit une croupe de cheval, par conséquent ils avoient pour pieds de devant des pieds humains[2]; ce qui ressemble assez à un homme qui conduit un cheval par la bride. Ensuite, lorsque l'homme plus hardi s'élança sur le dos d'un coursier dompté, on le représenta avec les quatre pieds de cheval, *semihomines centauri.* C'est ainsi que nous les voyons sur les monuments anciens. Enfin, lorsque l'art des signes se simplifia, l'hiéroglyphe centaure fut privé de sa croupe[3]; ce ne fut qu'un homme monté sur deux pieds de chevaux[4] : de même on représenta sans doute les chevriers[5] par des hommes à pieds

---

bien bonne foi à leur existence. Pline rapporte que l'empereur Claude étant encore particulier publia un ouvrage, dans lequel il assura qu'une femme de Thessalie étoit accouchée d'un hippocentaure. Il ajoute qu'on voyoit à Rome un centaure embaumé qu'on avoit envoyé d'Egypte à cet empereur. Plin., lib. VII, cap. 56. Phlegon atteste le même fait; il dit avoir vu ce centaure embaumé dans le palais de César. Phlegon., *de Mirab.*, cap. 34, 35. Mais l'empereur littérateur qui fit une loi pour faire adopter trois lettres de l'alphabet qu'il avoit inventées étant particulier, Sueton., *in Claud.*, §. 41, pouvoit bien s'entendre avec un embaumeur d'Egypte pour créer ce qu'une loi ne pouvoit produire. Cependant Plutarque dit que Thalès, à qui un pâtre avoit montré un petit centaure qui venoit de naître d'une jument, avoit dit à son ami : Ou n'ayez pas de si jeunes pâtres ou donnez-leur des femmes. Plut., *Banq. des neuf sag.* Ce qui prouveroit qu'il croyoit que ces monstres pouvoient naître d'un crime contre nature ; mais Galien, qui devoit s'y connoître un peu mieux, nie absolument l'existence des centaures et leur possibilité. Galien., *De usu part.*, lib. III, cap. 1. *Quis hippocentaurum aut chimeram fuisse putet.* Cicer., *de Natur. deor.*, lib. II, cap. 2.

(1) Ceci ne contredit pas ce que nous avons dit à la planche XVIII sur l'origine de l'équitation; des faits particuliers, comme Bellérophon et le cheval Pégase, Pélops, les centaures, etc., prouvent seulement qu'avant l'établissement général de cet art, il y eut des hommes assez hardis pour se hasarder sur des chevaux. Les autorités que nous avons rapportées sont trop formelles pour qu'on puisse ne pas les admettre.

(2) C'est ainsi que sur le coffre de Cypsélus étoit représenté le centaure que Pausanias croit être le centaure Chiron. Paus., *Elid.*, lib. I, cap. 19. V. Arat., *Phænom.*, v. 347. Des historiens recommandables rapportent que

le cheval de César avoit pour pieds de devant des pieds d'homme. Plin., lib. VIII, cap. 42; Sueton., *in Cæsar*, cap. 61.

(3) C'étoit l'ancienne forme du sagittaire ou centaure Zodiacal. *Dicunt quod centaurus quadrupes esse non videatur, sed stans bipes sagittarius, hic autem homo equinis pedibus est et caudam habet.* Schol. lat. Arat. Phænom. *Itaque Jovem fecisse ut cum omnia illius artificia uno corpore vellet significare crura ejus equina fecisse, quod equo multum sit usus.... caudam satyricam in corpore adjunxisse quod non minus hic Musis quam Liber satyris sit delectatus.* Hygin., *Astr. poetic.*, lib. II. C'est ainsi qu'il étoit représenté sur les planisphères égyptiens. La position des étoiles de l'ancien sagittaire que rapporte Ptolomée confirme cette observation. Il a fallu pour donner au sagittaire la forme de centaure leur en adjoindre de nouvelles, que Ptolomée rangeoit parmi les informes du poisson austral.

(4) Voilà la progression qu'il faut suivre; c'est en écartant toujours que l'on réduit un objet à sa plus simple expression. Si maintenant nous ne voyons pas les centaures sous leur dernière forme la plus simple de toutes, c'est qu'elle est moins agréable que l'autre, ou c'est parcequ'on auroit pu les confondre avec les satyres.

(5) En effet, outre les satyres à pieds de chèvre que nous avons décrits à la planche précédente, page 31, note 6, il y en avoit d'autres à forme de taureau :

Αλλοφυεις, ου φωτας ολην βροτοειδεα μορφην
Θηρων ειδος εχοντας· επει διδυμαονι μορφη
Εισι. ναθοι ταυροι τε και ανερες· αμφοτερον γαρ
Και βοος ειδος εχοισι, και ανέρομέοιο προσωπου.
Nonn. Dionys., lib. XXI, v. 213.

Les chevriers devoient être représentés par l'hiéroglyphe du satyre à pieds de chèvre, et les bouviers par celui à pieds de taureau.

de chèvre[1], etc. Le nom de centaure n'est peut-être qu'un nom moderne par rapport à l'ancienneté de cet hiéroglyphe ; dans l'origine on le nommoit θηριον ou φηρ, *le monstre*[2].

Nous ne nous étendrons pas davantage sur ce sujet ; nous ne nous étendrons pas non plus sur l'histoire des centaures[3], sur leurs rapports avec les exploits de Bacchus[4], assez d'auteurs s'en sont occupés ; nous nous bornerons à ce qui sera utile à l'explication des planches XXV et XXVI[5].

(1) Ce rapprochement qui fait la base de notre opinion sur l'origine des centaures n'est pas dépourvu d'autorités ; anciennement les centaures passoient pour être de la même nature que les satyres, qui, comme les centaures, s'appeloient θηρ. EURIP., *Cyclop.*, v. 620. Nonnus, après avoir décrit les satyres ou silènes, ajoute qu'on voyoit à leur suite les centaures qui étoient de la même race :

> Ανδροφυης δ' ετερη Κενταυριας ικετο φυτλη
> Φηρων ευκεραων λασιον γενος.
>
> NONN. *Dionys.*, lib. XIV, v. 144.

Il paroît qu'il n'y a que le centaure femelle qui soit de l'imagination des peintres, puisque c'est le pinceau hardi de Zeuxis qui le premier osa représenter un centaure moitié femme moitié jument. LUCIAN., *in Zeux.*; PHILOST., *Incon.*, lib. II, descrip. 2. Donc la figure du centaure mâle doit avoir une autre source.

Il est vrai que Millin, tom. I, pl. XLVIII, prétend que ce fut Pindare qui donna le premier aux centaures la forme que nous leur connoissons ; il cite à l'appui de son opinion l'autorité de Galien, *De usu part.*, lib. III, cap. 1. Mais on n'a qu'à lire le texte de cet auteur pour se convaincre qu'il en résulte clairement que, du temps de Pindare, la fable des centaures étoit vulgaire. Plus de quatre cents ans avant ce poëte Homère en avoit parlé.

(2)   Και κερτισ'οις εμαχοντο
> Φηρσιν ορεσκφοισι.
>
> HOMER., *Iliad.*, lib. I, v. 268.
> Ηματι τω οτε Φηρας ετισατο λαχνηεντας.
>
> HOMER., *Iliad.*, lib. II, v. 743.

Dans l'*Odyssée*, lib. XXI, v. 295, 303, il les appelle centaures. Athénée et Apollodore leur donnent aussi le nom de θηρ. Nonnus et Théon les appellent quelquefois θηριον.

(3) On n'est guère d'accord non plus sur leur origine, nouvelle preuve que ce n'est pas dans la mythologie qu'il faut la chercher. On les fait fils d'Ixion et de la Nuée. DIOD., lib. IV, cap. 69-70 ; PIND., *Pyth.*, od. 11 ; HYGIN., fab. 62. D'autres les font naitre d'Ixion et de ses cavales. PHILOSTR., *Icon.*, lib. II, descrip. 2. Ou bien de chênes. *Ibid.* Tzetzes prétend qu'ils sortirent de la nymphe Aura. Ici, ils sont fils de la semence de Jupiter et de la Terre :

> Ου Παφιης τοσον ηλθον ες ιμερον, ης χαριν ευνης
> Κενταυροις ερυτρυσα θαλον σποροψ αυλακι γαιης,
>
> NONN. *Dionys.*, lib. XXII, v. 71.

Là, c'est Junon qui donne cette forme à des hommes. NONN., *ibid.*, lib. XIV, v. 146 et seq. Enfin, Paléphate,

comme nous l'avons vu, en fait seulement des jeunes gens de la ville de Nuée. Nous ne parlons pas de l'opinion de Philostrate, *loc. cit.*, qui les fait naitre de centaures mâles et femelles ; car elle doit être postérieure à Zeuxis, puisqu'il est le premier qui fit des centaures femelles ; d'ailleurs elle ne tranche pas la question. On pourroit toujours demander : Mais d'où sortirent les premiers centaures ?

(4) Nonnus *Dionys.*, lib. XIV, met des centaures dans la suite militaire de Bacchus. Des bas-reliefs et des médailles offent souvent le char de Bacchus traîné par des centaures. VISCONT., *Mus. Pio Clement.*, IV, 22 ; *Mus. Capitol.*, IV, 17 ; BUONAROTT., *Medagl. antich.*, p. 430 ; VISCONT., *Mus. Vatic.*, tom. I, pl. XXXIII. Pline nous apprend qu'on représentoit souvent les sujets des centaures sur les vases dont on se servoit à table. PLIN., lib. XXXIII. Et ce n'est pas sans raison. Ces combats des Lapithes et des centaures n'étoient qu'une allégorie qui renfermoit toute la morale sur les excès du vin, comme le prouve le titre d'un ouvrage de Lucien : *Le combat des Lapithes et des Centaures, ou les philosophes.*

> *Quid memorandum æque Baccheia dona tulerunt?*
> *Bacchus et ad culpam causas dedit : ille furentes*
> *Centauros letho domuit,* etc.
>
> VIRG., *Georg.*, lib. II, v. 454.
> *At ne quis modicis transiliat munera Liberi,*
> *Centaurea monet cum Lapithis rixa super mero*
> *Debellata.*
>
> HORAT., lib. I, od. 18, v. 7.

Voyez HORACE, lib. I, od. 27. Nous aurons bientôt occasion de citer ce passage.

La fable des centaures avoit encore rapport à l'inconduite des hommes qui abusent de leurs forces. En effet, ce n'est pas seulement Hippodamie et Déjanire que les centaures voulurent enlever, Alcione fut sur le point de subir le même sort. DIOD., lib. IV, cap. 12. Atalante immola les centaures Rhétus et Iléus qui vouloient lui faire violence. APOLL., lib. III, cap. 9. Enfin, les sirènes étoient appelées *centauricides*, parcequ'elles avoient donné la mort à beaucoup de ces monstres impudiques qui avoient voulu les déshonorer. STOLOM., EURIST., *apud. Phot.*, cod. 190. Admirons la sagesse de ces fables : toujours nous voyons les centaures vaincus ; l'abus de la force ne sauroit jamais triompher long-temps.

(5) On en voit une copie informe dans Passeri, tom. I, pl. XI, XII. On n'y lit pas les inscriptions sans

Ce vase est divisé en trois sujets différents, dont le premier prend toute la partie supérieure. Il représente évidemment le combat des Lapithes et des centaures, et la fuite d'Hippodamie dont tant d'auteurs ont parlé [1]. Le nom de ΠΙΡΙΘΟΟΣ qu'on voit dans un coin de la planche XXV le prouve assez. Ce nom, d'après ce que nous avons dit à la planche précédente, nous porteroit à croire qu'il n'y a que le personnage auprès duquel on lit cette inscription qui soit intéressant dans cette peinture. Cependant on y distingue des combattants dans les mêmes attitudes que leur donne Ovide. Le héros qui suit Pirithoüs est peut-être Thésée [2], qu'Ovide nous représente assommant un centaure par derrière [3]. Plus loin, on voit

> . . . . . *Venabula condi*
> *Inguine Nessei manibus conjecta Cymeli* [4].

Là, c'est Péléc :

> . . . . . *Uno duo pectora perforat ictu* [5].

A côté de ce héros, Ampyx :

> . . . . . *Qui quadrupedanti Oëcli*
> *Fixit in adverso cornum sine cuspide vultu* [6].

Enfin, on remarque un autre Lapithe qui s'apprête à assommer encore un cen-

---

doute, parceque sur le vase les lettres sont à peine visibles, et qu'on ne les voit qu'en opposant au grand jour le fond noir ; ce qui prouve d'une manière irréfragable qu'elles n'y ont pas été apposées par un restaurateur moderne.

(1) On connoît deux combats de Lapithes et de centaures. Dans l'un, c'est Hercule qui défait ces monstres. Eurip., *Hercul. Fur.*, v. 364 et seq.; Apollod., lib. II, cap. 5, §. 45; Diod., lib. IV, cap. 12; *Schol. Theocrit.*, *ad Idyll.* VII, v. 149, 150. Dans l'autre, Thésée et Pirithoüs sont les chefs des Lapithes. Homer., *loc. supr. citat.*; *Schol.; Iliad.*, lib. I, *ad* v. 263; Hesiod., *Scut. Hercul.*, v. 178; Ovid., *Metam.*, lib. XII, v. 240; Apollod., lib. III; Hygin., fab. 33; Plut., *Vit. Thes.* Il y a de grands rapports entre ces deux combats, ce qui feroit penser qu'ils sont les mêmes, quoique présentés sous différents aspects. D'abord, c'est dans le même pays qu'ils ont eu lieu. Hercule combattit les centaures en Thessalie. Apoll., *loc. cit.*; Tzetz., *Chil.*, II, pag. 27. C'est là que les centaures combattirent Pirithoüs et Thésée ; c'est près d'un antre qu'Hercule livra son combat, Theocrit., *Idyll.* VII ; c'est près d'un antre que Pirithoüs plaça les centaures à son festin de noces. Ovid., *Metam.*, lib. XII, v. 210. Ensuite c'est le vin qui est la cause de l'un et l'autre combat. *Script. mod. Laud.* C'est avec des tisons qu'on se battit à tous les deux. Apoll., lib. II; Ovid., *Metam.*, lib. XII. Hercule repousse les

centaures jusqu'à Malée. Apollod., lib. II. C'est à Malée encore que les repoussent Pirithoüs et Thésée. *Schol.*, *Iliad. ad*, lib. I, v. 263. L'identité de ces deux combats résulte encore d'un passage de Pindare cité par Athénée, lih. XI, pag. 476. Aussi y avoit-il des auteurs qui plaçoient à cette époque la première entrevue d'Hercule et de Thésée. Plutarq., *Vit. Thes.*

(2) Il est ainsi représenté dans Tischbein, tom. I, pl. XIII; et cette planche offre ce court épisode que rapporte Ovide :

Ultor adest Phareus, saxumque e monte revulsum
Mittere conatur, mittentem stipite querno
Occupat Ægides, cubitique ingentia fregit
Ossa.
Metamorph., lib. XII, v. 341.

(3) Ovid., *Metam.*, lib. XII, v. 343. Thésée étoit aussi un porteur de massue. Plutarch., *Vit. Thes.*

(4) Ibid., *ibid.*, v. 452.

(5) Ibid., *ibid.*, v. 377. Apollodore, liv. III, dit aussi que Pelée se trouva à ce combat. Cette position rappelle encore ces vers :

Vecte Peletronius Macareus in pectus adacto
Stravit Erigdupum.
Ovid., Metamorph., lib. XII, v. 451.

(6) *Ibid.*, v. 449. Hésiode, *Scut. Hercul.*, v. 180, parle aussi de cet Ampyx.

taure. Nous ne prétendons pas que les figures de cette peinture soient les héros que nous venons de nommer; ce sont des rapprochements que nous avons crus nécessaires.

Il y a plus: la salle est décorée comme Ovide la décrit; les flammes brûlent encore sur l'autel:

> . . . . . *Et ignibus atria fumant*[1].

On remarque de grands vases brisés à côté d'une colonne; ils rappellent ces vers:

> *Forte fuit juxta signis extantibus asper*
> *Antiquus crater*[2].

Enfin l'on se bat sur les lits et au milieu des coupes:

> *Inque toros inque ipsa niger carchesia sanguis*[3].

C'est à la planche XXVI que se trouve le sujet principal. Le féroce centaure Eurytus[4] est au moment de se saisir d'Hippodamie, qui n'a que le temps de se réfugier dans les bras de ses femmes et des jeunes épouses[5] qui avoient été invitées à la fête; elle va entrer dans la salle où est le lit nuptial. La femme qui est auprès d'elle tient les portes entr'ouvertes[6]. Ces portes sont scellées de bronze et d'ivoire, ainsi que la boiserie du lit que l'on découvre par l'ouverture. Ce qui est remarquable, c'est qu'aucun des centaures[7] n'est armé[8], et

---

(1) *Ibid.*, v. 215.

(2) *Ibid.*, v. 235.

> *Crateras magnos statuunt, et vina coronant.*
> Virg., Æn., lib. I, v. 738.

(3) *Ibid.*, v. 227.

> *Natis in usum lætitiæ scyphis*
> *Pugnare, Thracum est: tollite Barbarum*
> *Morem, verecundumque Bacchum*
> *Sanguineis prohibite rixis.*
> Horat., lib. I, od. 27, v. 1 et seq.

(4) Homer., *Odyss.*, lib. XXI, v. 295; Ovid., *Metam.*, lib. XII, v. 220.

(5) Ovid., *Metam.*, lib. XII, v. 216.

(6) Elles sont du genre qu'Homère décrit dans l'Odyssée; elles ont aussi des pênes retenus par du cuir et des anneaux qui étoient ordinairement d'argent:

> Θύρην δ' επέρυσα κορώνῃ
> Αργυρέῃ· επι δε κληιδ' ετανυσσεν ιμαντι
> Homer., Odyss., lib. I, v. 441.

(7) Ils ont les oreilles comme les satyres; c'est ainsi qu'ils doivent les avoir d'après Lucian, *in Zeux*. Souvent on les représentoit couverts de peaux d'animaux.

Ovid., *Metam.*, lib. 12, v. 414, *et passim*. D'autres fois, on les voit avec de la barbe. Nonx. Dionys., lib. XIV, v. 145, 264. Ce même auteur leur donne des cornes. Ibid., *ibid.*, v. 145.

(8) Ils n'étoient ordinairement armés que de branches d'arbres et de pierres: Hésiod., *Scut. Hercul.*, v. 189; Diod., lib. III; Stac., *Ach.*, lib. I; Ovid., *Met.*, lib. XII. Οι κενταυροι πετρῆσι εσπλισμενοι και ελατεσις. Apollod., lib. II, cap. 5, §. 4. C'est ainsi qu'on les voit armés sur les vases. Dans Tischbein, ils ont des pierres; ils ont des branches d'arbres dans Passeri, tom. I, pl. IX; tom. III, pl. XXIX; et sur le beau vase dit de *la Couronne*, dont on conserve un dessin au cabinet des estampes. C'est ainsi que nous en verrons un armé à la pl. XXXVIII. Cependant Ovide leur donne d'autres armes:

> *Sævique vicem præstantia tæli*
> *Cornua duraboum.*
> Metamorph., lib. XII, v. 382.

> *Ramum prior ille bifurcum*
> *Gesserat; hic jaculum.*
> Ibid., v. 442.

> *Securiferumque Pyragmon.*
> Ibid., v. 460.

qu'aucun Grec ne court de danger imminent. Quelle gloire y avoit-il alors à vaincre[1]?

Le second sujet difficile à saisir par lui-même cesse de l'être à cause des inscriptions. Ce n'est pas Neptune, ΠΟΣΕΙΔΩΝ, qui étoit difficile à reconnoître, son trident[2] le désigne assez; mais on n'auroit pas su qu'il poursuivoit la nymphe ΑΜΥΜΩΝΕ[3]. On voit d'un côté l'Amour, ΕΡΩΣ, le plus vieux de tous les dieux[4], qui assiste à son triomphe. Il est représenté sous la forme ordinaire d'un jeune enfant ailé[5]; il n'a pas de carquois[6]. De l'autre côté, on voit Vénus, ΑΦΡΟΔΙΤΗ[7], soit parcequ'elle est fille de la mer[8], soit parcequ'elle vient jouir de la victoire de son fils sur un des plus puissants des dieux. Ce sujet se lie au précédent

D'autres fois, il les fait combattre avec les armes qu'ils prennent à leurs ennemis :

Pervolat Emathii spoliis armatus Alesi
Quem dederat letho, membrisque et corpore Latreus
Maximus. . . . . . .
Cui clypeo gladioque, Macedoniaque sarissa
Conspicuus.

Metamorph., lib. XII, v. 462 et seq.

(1) Les combats de Grecs contre des centaures étoient souvent représentés sur les monuments de la Grèce. On en voyoit dans le temple de Jupiter à Olympie. Pausan., *Elid.*, lib. I, cap. 20. Phidias en sculpta sur les semelles de Minerve du Parthenon. Plin., lib. XXXVI, cap. 2. On en voyoit souvent sur les métopes et les frontons des temples. Stuart, *Antiq. of Athen.*, tom. II, cap. 1, pl. III; Delêtre, *Galer. antiq.*, pl. II, XIII. On les voit sur-tout sur les vases. Passeri, tom. I, pl. XI, XII; tom. III, pl. XXXIX, CCLII : Tischb., tom. I, pl. XI, XIII; Millin, *Vas. antiques*, tom. I, pl. LXIII. Nous en verrons encore un dans cette collection, pl. XXXVII. Enfin, on en voit encore un sur le vase dont nous avons parlé dans la note précédente.

(2) Αυτος δ' Εννοσιγαιος εχων χειρεσσι τριαιναν.

Homer., *Iliad.*, lib. XII, v. 27.

étoit la marque distinctive de ce dieu.

Ορω τριαιναν τηνδε σημειον θεου.

Æschyl., *Suppl.*, v. 226.

Aussi Pindare l'appelle-t-il le dieu porte-trident, οφθοτριαιναν. Pind., *Olymp.*, od. VIII, v. 64. V. Orph., *Hymn. in Neptun.*, v. 2. Les médailles de Trézène, dont Neptune étoit le dieu tutélaire, avoient un trident au revers d'une tête de ce dieu. Plutarq., *Vit. Thes.* Pausanias dit que c'étoit une tête de Minerve qui étoit au revers du trident de Neptune. Pausan., *Corinth.*, cap. 31.

(3) Nymphe fille de Danaüs qui, pour se soustraire aux poursuites de ce dieu, se fit changer en rivière. Lucian., *Dialog. mortuor.*; Philostr., lib. I, cap. 7; Ovid., *Amor.*, lib. X, v. 5. Cependant Pausanias et Hygin assurent qu'elle eut de ce dieu un fils nommé Nauplius. Pausan., *Corinth.*, cap. 28; Hygin., fab. 179.

(4) Platon., *Sympos.* Hésiode le fait naître après le Chaos, la Terre et le Tartare. Hesiod., *Théog.*, v. 116-120. Pausanias dit aussi que c'est le plus ancien des dieux ; mais il nous apprend que l'opinion vulgaire en faisoit le fils de Vénus, et le plus jeune des dieux. Pausan., *Bæotic.*, cap. 24. Ce qui prouve l'ancienneté de son culte, c'est qu'à Thespie où il étoit honoré particulièrement, on voyoit du temps de Pausanias une pierre informe au lieu de sa statue. *Ibid.* Et nous avons démontré plus haut que c'étoit ainsi qu'on représenta d'abord les dieux. Voyez planche XXIII, p. 29, note 1.

(5) On lui en donnoit ordinairement. Pausan., *Attic.*, cap. 34.

(6) A Epidaure, dans le bois sacré d'Esculape, l'Amour étoit représenté sans arc ni carquois; il tenoit une lyre à la main. Pausan., *Corinth.*, cap. 27. Les sculpteurs les plus célèbres s'honoroient de faire sa statue. Scopas en fit une qu'on voyoit à Mégare. Paus., *Attic.*, cap. 43. Celle de Praxitèle étoit un tel chef-d'œuvre, qu'on alloit à Thespie uniquement pour la voir. Cicer., *in Verr.*, lib. IV; Plin., lib. XXXVI, cap. 5. On peut lire dans Pausanias, *Attic.*, cap. 20, *Bæotic.*, cap. 27, l'histoire de cette statue.

(7)

Την δ' Αφροδιτην
Αφρογενειον τε θεαν και ευστεφανον Κυθερειαν
Κικλησκουσι θεοι τε και ανερες, ουνεκ' εν αφρῳ
Θρεφθη.

Hesiod., *Theog.*, v. 195.

Homer., *Hymn. in Vener.*, v. 195. Αφροδιτη vient d'αφρος, écume de la mer, dit Fulgence, soit parceque la luxure comme l'écume s'enfle momentanément et se réduit bientôt à rien, soit parceque la semence est de même nature que l'écume. Fulgent., *Mythol.*, lib. II. On peut lire dans cet auteur les autres explications vraiment ingénieuses qu'il donne de cette charmante allégorie.

(8) Orphée la nomme Ποντογενης, née de la mer. Orph., *Hymn. in Vener.*, v. 2. Plus haut, il appelle la mer Μητηρ Κυπριδος. Orph., *Hymn. in Mar.*, v. 7.

Ce même poète nomme Vénus la déesse qui porte un

sous un double rapport. Neptune étoit père de Thésée[1], et il étoit le dieu sous la protection de qui on avoit mis les chevaux[2].

Le dernier sujet représente une purification ou lustration. Une prétresse verse l'eau lustrale[3] en présence d'un grand-prêtre et d'un dadouque. Ce sujet se lie encore au sujet principal. Après les combats on purifioit[4] les chambres où l'on avoit combattu.

PLANCHE XXVII.

Cette femme dont la beauté funeste, comme l'avoit prédit Hérophile[5], fit le malheur de l'Europe et de l'Asie :

> . . . . . *Trojæ et patriæ communis Erinnys*[6];

Hélène eut non seulement de nombreux panégyristes[7], mais encore des îles lui furent consacrées[8], des temples[9] lui furent élevés, des fêtes furent célé-

---

sceptre comme nous le voyons sur cette peinture, Θεων σκηπτουχε. Orph., *Hymn. in Vener.*, v. 11.

(1) Plutarq., *Vit. Thes.*; Hygin., fab. 38; Diod., lib. IV, cap. 59; Apollod., lib. III, cap. ⁋.

(2) Homer., *Hymn. in Neptun.*, v. 5. Il l'appelle le dompteur de chevaux : ἱππων τε δμητηρ'. D'ailleurs il étoit surnommé ἱππευς. Hesych., *in h. voc.*; Pausan., *Arcad.*, cap. 25. Orphée lui donne le surnom d'ἱππιε : *Equorum inventor*. Orph., *Hymn. in Neptun.*, v. 2. On connoit la fable qui dit qu'il fit sortir un cheval de la terre. Pausan., *Corinth.*, cap. 31; Horat., lib. IV, od. 11; Propert., lib. II, eleg. 10.

(3) La purification par l'eau remonte à la plus haute antiquité : *Penus veteres quisquis se homicidio infece-rat, purgatrice aqud se expiabat*. Tertull., *de Bapt.*, cap. 5. D'un vase couronné de feuillage, répandez une eau pure avec le sel, ainsi que la loi l'ordonne. Theocr., *idyll.* XXIV. Enée avant de quitter Troie se purifie avec de l'eau :

> *Donec me flumine vivo*
> *Abluero.*
> Virg., *Æneid.*, lib. II, v. 719.

(4) Ainsi Ulysse purifia la salle de festin où il avoit immolé les poursuivants de Pénélope; mais c'est avec du soufre et du feu qu'il la purifia :

> Οισε θειιον γρηυ κακων ακος οισε δε μοι πυρ
> Οφρα θειιωσω μεγαρον.
> Homer., *Odyss.*, lib. XXII, v. 481.

La purification par l'eau convenoit mieux au sujet de ce vase; car c'étoit une de celles qui avoient lieu dans les mystères de Bacchus. Tit.-Liv., lib. XXXIX.

> *Aliis sub gurgite vasto*
> *Infectum eluitur scelus aut eluitur igni.*
> Virg., *Æneid.*, lib. IV, v. 740 et seq.

Voyez Servius, *ad hunc locum*. Souvent l'eau, le soufre et le feu étoient joints dans les purifications.

> *Ter senem flamma, ter aqua, ter sulfure lustrat.*
> Ovid., *Metamph.*, lib. IV, v. 265.

(5) Pausan., *Phocid.*, cap. 12.

(6) Virg., *Æneid.*, lib. II, cap. 573.

(7) Isocrate en fait le sujet d'un de ses discours : plus simple que Gorgias, il n'en fait pas comme ce dernier une femme vertueuse; il cherche à prouver que la beauté a tant d'empire, que la plus belle personne du monde devoit être mise au nombre des dieux. Isocart., *En-com. Helen.* Le discours de Gorgias peut se réduire à ces trois vers que Virgile met dans la bouche de Vénus :

> *Non tibi Tyndaridis facies invisa Lacænæ*
> *Culpatusve Paris; verum inclementia divûm*
> *Has evertit opes, sternitque a culmine Trojam.*
> *Æneid.*, lib. II, v. 601.

En effet, il termine ainsi sa défense d'Hélène : Qui osera reprocher à Hélène sa conduite, si elle a été for-cée par l'amour ou par le pouvoir de l'éloquence, ou bien si c'est la violence ou la fatalité qui l'a entrainée? Gorgias, *in Helen.*

Euripide dans sa tragédie d'*Hélène* en fait une femme très vertueuse. Il prétend que ce n'étoit qu'une nuée, l'ombre de cette princesse, qui avoit été donnée à Paris; que les dieux, voulant perdre Troie, avoient enlevé la véritable Hélène à son mari, et que Mercure l'avoit dé-posée chez le roi d'Egypte. Eurip., *Helen.*, v. 30 et seq.

(8) Il y avoit au-dessus de Sunium une île qui se nom-moit l'*île d'Hélène*, ainsi appelée parceque cette femme célèbre y aborda après la prise de Troie. Pausan., *Attic.*, cap. 35. Strabon dit que cette île se nommoit *Cranaa*, et qu'elle fut nommée ensuite *île d'Hélène*, parceque Paris y avoit joui de ses amours pour la première fois. Strab., lib. IX.

(9) On en voyoit un à Sparte à côté du temple d'Her-

brées en son honneur[1], des sacrifices même lui furent offerts[2], et à Thérapnis[3] ils n'étoient pas de l'espèce de ceux qu'on faisoit aux héros, mais bien de ceux qu'on adressoit aux divinités du ciel: Ουρανοις θεοις[4].

Si des orateurs distingués n'ont pas dédaigné de célébrer l'apothéose d'Hélène dans leurs discours, il n'est pas étonnant que les peintres aient traité le même sujet. Nous pensons que la planche XXVII représente cette apothéose.

On sait que, quelle que soit la mère[5] d'Hélène, c'est sous l'extérieur d'un

cule, près du tombeau du poëte lyrique Alcman, Pausan., *Lacon.*, cap. 15; un autre à Rhodes, où elle étoit honorée sous le nom d'Hélène Dendritis, parceque, disoit-on, les femmes du pays l'avoient pendue à un arbre pour venger la mort de leurs maris qui avoient péri au siège de Troie. Pausan., *Lacon.*, cap. 9 Elle en avoit encore un à Thérapnis, où on l'adoroit conjointement avec Ménélas. Isocrat., *Encom. Helen.* Æneas Gazæus en parle aussi, et ajoute avec indignation qu'on y adoroit également Páris et Deiphobe: Τον γουν Μενελεων, και νη Δια την Ελενην, μετα τον Αλεξανδρον, μετα τον Δηιφοβον εν Θεραπναις της Λακωνικης τοις θεοις συναριθμοντες μετ' εκεινον αδουσι θυσιαις τε και αναθημασι θεραπευοντες. Æneas Gazæus, *Theophrasto.*

(1) Ελενια εορτη αγομενη υπο Λακωνον. Κανα̌θρα εσ̌ραθη, η αμαξα πλεγματα εχουσα, υφ' ων πομπευουσιν αι παρθενοι οταν εις το της Ελενης ιερον απιωσιν. Hesych., *in* Ελενια.

(2) Isocrat., Æneas Gazæus, *loc. cital.* Isocrate finit son discours par engager tous les Grecs à offrir des vœux et des prières à cette divinité.

(3) Isocrat., *ibid.* Il faut lire dans cet auteur toutes les prérogatives de cette nouvelle déesse. Elle procura, dit-il, l'immortalité à ses deux frères Castor et Pollux; elle préserva Ménélas de tous les maux qui accablèrent les Atrides, et après sa mort elle le fit recevoir parmi les dieux: Πρωτον μεν τους αδελφους ηδη κατεχομενους υπο της πεπρωμενης, εις τους θεους ανηγαγ.... ουτως αυτοις τας τιμας εναργης εδωκεν, ωσθ' ορωμενους υπο των εν τη θαλαττη κινδυνευοντων πλειν, οιτινες αν ευσεβως αυτους επικαλεσωνται· μετα δε ταυτα Μενελαω τοσαυτην χαριν απεδωκεν.... και θεον αντι θνητου ποιησασα, συνοικον αυτη και παρεδρον.... Ετι γαρ και νυν εν Θεραπναις της Λακωνικης θυσιας αυτοις αγιους και πατριους επιτελουσιν· ουχ' ως ηρωσιν αλλ' ως θεοις αμφοτεροις ουσιν. Isocr., *Encom. Helen.* Il nous apprend encore que c'est elle qui inspira à Homère ses beaux poëmes. *Ibid.* Qu'elle punit d'aveuglement le poëte qui avoit mal parlé d'elle, et qu'elle lui rendit la vue lorsqu'il eut chanté la palinodie. Isocrat., *ibid.;* Pausan., *Lacon.*, cap. 19.

(4) Il y avoit deux sortes de sacrifices. Lorsqu'on sacrifioit aux dieux, la victime étoit immolée la tête en haut, de manière à ce qu'elle regardât le ciel, ce qu'on nommoit αναρρυσις; si l'on sacrifioit à des héros ou aux dieux infernaux, la tête de la victime étoit tournée en bas. Eustath., *ad. Iliad.*, lib. 1; *Schol.* Apoll., *ad* lib. I, *Etymol. magn. in voc.* Αναρρυσις.

Aussi Homère dit-il αναρρυειν, lorsqu'il parle des sacri-

fices faits aux dieux du ciel. Homer., *Iliad.*, lib. I. C'est à cet usage que Sophocle fait allusion dans les vers suivants:

Και τους μεν ηυχνιζε, τους δ' ανω τερπων Εσφαζε, κερραχιζε.
Sophocl., *Ajac. flagellif.*, v. 298.

C'est de cet usage que dérivoit le nom du second jour des apaturies: on l'appeloit Αναρρυσις. Ce jour on faisoit aux dieux des sacrifices qui se nommoit Αναρρυματα. Procl., *in Plat. Timæ.*, lib. I. En effet, comme l'observe Suidas, d'après un scholiaste d'Aristophane, *ad pacem*, Αναρρυειν, c'étoit επιθυειν θυσιαν, επιτελειν, sacrifier, faire un sacrifice.

Il y avoit une autre différence entre les sacrifices faits aux dieux supérieurs, et ceux faits aux héros ou aux dieux infernaux; les premiers se faisoient au lever du soleil, les autres à son coucher. Ceux-ci s'appeloient Εντομα, et ceux-là Εναρχα. Τοις δε Ουρανοις θεοις Εναρχα εθυον. *Schol.* Apollon., *ad* lib. I.

(5) Euripide, *Helen.*, v. 19; Diodore, lib. IV, Virgile, *Æneid.*, lib. I, v. 656; Hygin, fab. 77; Gorgias, *in Helen.*, lui donnent Léda pour mère, et disent que Jupiter obtint ses faveurs sur les bords de l'Eurotas. Pausanias et Apollodore au contraire prétendent que Léda n'est que sa nourrice, et que Némésis est sa mère. Pausan., *Attic.*, cap. 33; Apollod., lib. III. Voici comment Hygin dans son Traité d'astronomie rapporte cette fable: Jupiter étant devenu amoureux de Némésis, et ne pouvant rien obtenir d'elle, engagea Vénus à prendre la forme d'un aigle, et il prit lui-même celle d'un cygne. C'est sous cette forme que fuyant l'aigle redoutable, il se réfugia dans le sein de Némésis qui l'accueillit, le serra dans ses bras et s'endormit. Cependant Némésis devint mère; et comme elle avoit eu commerce avec un oiseau, elle accoucha d'un œuf que Mercure jeta dans le sein de Léda. Il en naquit une fille d'une beauté éclatante, ce fut Hélène. Hygin, *Astron.*, lib. II, cap. 3. Aussi Germanicus, cap. 24, donne-t-il à la mère d'Hélène le double nom de Némésis et de Léda. Théon, pag. 136, les admet tous deux. Isocrate, *Encom. Helen.*, s'exprime ainsi: Κυκνος δε γενομενος (Ζευς) εις τους Νεμεσεος κολπους κατεφυγε· τουτο δε παλιν οιμαθεις Λεδαν ενομφευσεν. Eratosthène raconte différemment cette fable. Il dit que Némésis prenoit successivement toutes les formes pour soustraire sa virginité aux poursuites de Jupiter; que s'étant mé-

20

cygne que Jupiter la posséda, et donna naissance à la jeune fille qui naquit de lui[1]. Ce dieu, par reconnoissance, plaça ensuite dans le ciel[2] l'heureux oiseau dont il avoit emprunté les formes, et lui conserva les ailes étendues comme il les avoit lorsqu'il s'envola aux cieux[3]. C'est ainsi qu'elles sont représentées sur notre vase[4]. Il est donc probable que c'est le cygne père d'Hélène que nous y voyons. Hélène est assise sur son dos. N'est-ce pas une idée aussi riante qu'ingénieuse que d'avoir fait amener dans le ciel cette beauté trop fameuse par le même oiseau à qui elle devoit la vie?

Tout concourt à prouver que cette peinture représente l'apothéose d'Hélène. On voit à côté d'elle l'introducteur des nouveaux dieux, Mercure[5], qui tient son caducée élevé. Plus loin, cette femme, l'indignation sur le front, le sceptre à la main[6], ne peut être que Junon; elle s'éloigne précipitamment pour n'être pas témoin d'une scène qui lui rappelle des souvenirs trop cruels:

> . . . . . *Manet alta sub mente repostum*
> *Judicium Paridis spretæque injuria formæ*[7].

Derrière Hélène, on reconnoît facilement Jupiter à son air majestueux, à son corps demi-nu[8], et au sceptre qu'il tient à la main[9] ; il prononce les pa-

---

tamorphosée en cygne, son amant prit la même forme, et dirigea son vol vers l'Attique, près de Ramnunte, où il obtint les faveurs de Némésis. Cette union produisit l'œuf dont naquit Hélène suivant le poëte Cratès. Eratosth., cap. 25.

(1) Πλαιδίων γαρ ηριθίσον γιννθίντων υπό Διος μανης ταυτης (Ελενης) της γυναικος πατερ ηξιωσί κληθηναι. Isocr., *Encom. Helen.*

(2) German., cap. 24; Hygin., *Astron.,* lib. II, cap. 3; Theon., pag. 136.

(3) German., *loc. mod. cit.* Théon dit qu'il a les ailes étendues comme s'il voloit en s'abattant sur la terre. Hygin, *loc. citat.*, dit que son image est encore dans le ciel avec celle de l'aigle qui paroit le poursuivre. On donnoit différents noms à cette constellation. Voici ceux qui ont rapport à notre sujet : *Helenæ genitor, ales Jovis, olor Ledæus, Ledæ adulter.* Cæs., cap. 20, p. 201.

(4) La forme même des pattes de notre cygne, qui ne sont pas pattues, indique encore que c'est l'oiseau céleste qu'on a voulu représenter. En effet, ses pattes ressemblent assez à celles des aigles et des milans. Or le cygne se nommoit quelquefois *milvus,* milan. Ovid., *Fast.,* lib. III, v. 794; Cæs., cap. 20, pag. 201.

(5) En effet, nous le voyons toujours sur les vases qui offrent des apothéoses. Il conduisit Bacchus dans l'Olympe lorsqu'il fut reçu au nombre des dieux : Διονυσον δε τον μεν παιδα ες ουρανον οντα ετι εςίιν Ερμης φερον. Pausan., *Lacon.,* cap. 18.

Πατρι συν ευωδινι μιης εψαυσε τραπεζης

Και βροτεην μετα δαιτα, μετα κροτερην χυσιν οινου
Ουρανιον πιε νεκταρ αρειοτεροισι κυπελλοις
Ευνθρονος Απολλωνι, συνετιος υιει Μαιης.

Nonnus *Dionys.,* lib. uh., v. 979.

Ici il est autant utile comme introducteur que comme pacificateur entre Hélène et Junon : c'est sans doute pour cela qu'il tient son caducée élevé, et que ces deux déesses semblent avoir les yeux fixés sur lui; car le caducée étoit un signe de paix : *Hic complexus anguium, et efferatorum concordia caussa esse videtur, quare exteræ gentes caduceum in pacis argumentum circumdata effigie anguium fecerint.* Plin., lib. XXIX, cap. 3.

(6) Ce sceptre est de la même espèce que celui que Vulcain fit pour Jupiter, qui fut ensuite successivement transmis à Mercure, à Pelops, à Atrée, à Thyeste, et à Agamemnon, Pausan., *Bæotic.,* cap. 41; Hom., *Iliad.,* lib. II, v. 101-108, et qui finit par devenir la principale divinité des Chéronéens; ils le nommoient *la lance.* Pausan., *loc. mod. laudat.* C'est la forme des sceptres que portent la Junon et le Jupiter de notre vase.

(7) Virg., *Æneid.,* lib. I, v. 31.

(8) C'est ainsi qu'il est souvent représenté sur les vases. Voy. Tischb., tom. III, pl. I; tom. IV, pl. XXXV. On en voit aussi plusieurs dans Passeri et dans d'autres collections de vases. Il étoit ainsi représenté à Olympie.

(9) Sur son sceptre. Voyez Dempst., *Reg. etrur.,* lib. II, cap. 2.

roles mystérieuses qui doivent donner l'immortalité à sa fille ; il les prononcera neuf fois' selon l'usage, et comme l'indiquent les nœuds de bandelettes sur lesquels il appuie un pied et qui sont au nombre de neuf.'

De l'autre côté du cygne, on aperçoit au milieu de lauriers Apollon Daphnéphore', soit que sa présence fût nécessaire aux apothéoses', soit que le peintre ait voulu rassembler toutes les traditions sur la consécration du cygne parmi les constellations ; il y avoit des auteurs[4] qui prétendoient que ce fut en honneur d'Apollon qu'il fut placé dans les cieux à cause de la beauté de son chant[5].

Enfin, le dernier personnage dont nous devons parler est celui qui est dans la même attitude qu'Hélène. Ce ne peut être que Vénus ; elle fut cause de tous ses malheurs et de tous les forfaits qu'occasiona son enlévement[6] ; elle devoit l'assister à son arrivée dans l'Olympe : aussi l'a-t-on représentée comme sa protégée avec le geste de suppliant[7] ; elle demande l'immortalité pour Hélène[8].

---

(1) Les dieux prononcèrent neuf fois les paroles mystérieuses qui devoient purger Glaucus de ce qu'il avoit de mortel :

Utque mihi quæcumque feram mortalia demant
Oceanum Tethynque rogant. Ego lustror ab illis,
Et purgante nefas novies mihi carmine dicto.
    Ovid., *Metamorph.*, lib. XIII, circ. fin.

Ce nombre neuf étoit consacré aux incantations. On prononçoit neuf fois différentes paroles aux lémurales ou fêtes des mânes. Ovid., *Fast.*, lib. V. Lorsque Térésias va sacrifier aux dieux infernaux, il creuse neuf ouvertures dans la terre. Stat., *Thebaid.*, lib. IV.

On peut trouver une raison de cette consécration dans Macrobe, qui prétend tirer du nombre des sphères l'origine du nombre des neuf muses. En effet, c'est le nombre des sphères des anciens, lorsqu'on y comprend le ciel des étoiles fixes, et la terre. Macrob., *Somn. Scipion.*, lib. II, cap. 4

(2) Ce n'est pas sans intention que le peintre a choisi Apollon Daphnéphore plutôt qu'un autre surnom de ce dieu ; car le laurier lui étoit consacré, Diodor., lib. 1, cap. 17, moins à cause de Daphné, comme le disent Ovide dans ses *Métamorp.*, lib. 1, fab. 15, et Pausanias, *Phocid.*, cap. 6, que parceque cet arbuste toujours vert est la marque distinctive de l'immortalité. C'est pour cela qu'on le renouveloit tous les ans. Macrob., *Saturn.*, lib. 1, cap. 12.

(3) Voyez ce que nous dirons à la planche XXXIV.

(4) Theon., pag. 136. Aussi le cygne comme constellation porte-t-il encore le nom d'*Ales canora, volucris Phœbeius, Phœbi assessor.* Cæs., cap. 20, pag. 201. On voit sur un vase Apollon porté par un cygne. Tischb., tom. II, pl. XXVII.

(5) Theon., *loc. mod. citat.*; Ælian., *de Animalib.*, lib. XIV, cap. 13 ; lib. IX, cap. 1.

(6) Vénus ne remporta la pomme d'or sur ses rivales qu'en promettant Hélène à Paris : Αφροδιτες δε τον γαμον κατα Ελενης. Isocrat., *Helen. Encom.*

Τουμον δε καλλος ο, τι καλον δυσίυχες
Κυπρις προτεινατ', ως Αλεξανδρος γαμει
Νικη.
    Euripid., *Helen.*, v. 27

(7) Les suppliants alloient s'asseoir dans le foyer sacré de ceux dont ils imploroient la protection. Hom., *Odyss.*, lib. VII, v. 153 ; Plutarch., *Vit. Themistocl.*; ibid., *Vit. Coriolan.*; Diod., lib. XI.

Sed Veneris sanctæ considam vinctus ad aram.
    Tibull., lib. IV, eleg. 12

Souvent on se couvroit la tête : Και παρεισελθων αφνω προς την εσίιαν εκαθιζε σιωπη, και την κεφαλην εγκαλυψαμενος. Plutarch., *Vit. Coriolan.* Et comme on devoit la découvrir, αποκαλυψαμενος, lorsqu'on étoit en présence de son hôte, on devoit faire le geste que le peintre a donné sur notre vase à Vénus et à Hélène. C'est de là que vient l'usage des peintres de l'antiquité de donner ce geste à toute personne qui demande quelque chose.

(8) Le cygne étoit aussi l'oiseau de Vénus ; il étoit attelé à son char. Propert., lib. III, eleg. 2, v. 49 ; Stat., *Sylv.*, 1, 2, 24.

    Quæ Cnidon
Fulgentesque tenet Cycladas et Paphon
Junctis visit oloribus.
    Horat., lib. III, od. 28, v. 13.

Le cygne même comme constellation portoit le nom d'oiseau de Vénus : *Avis Veneris.* Cæs., cap. 20, p. 201. On trouve aussi sur des vases Vénus assise sur un cygne. Mill., *Peint. de vases antiq.*, tom. II, pl. LIV. Cet oiseau comme le nôtre n'a pas les pattes pattues ; dans le vase publié par M. Millin, le personnage de Vénus est évidemment indiqué par les trois poissons que l'on y

Toutes les figures de cette charmante composition se rapportent donc à une action principale; et comme cette unité de sujet ne se rencontre pas souvent chez les anciens, nous pensons que ce vase doit être des plus beaux siècles de la Grèce. Le style sévère et simple du dessin et l'élégance des formes autorisent encore cette conjecture.

PLANCHE XXVIII.

Les grappes de raisin, les pampres, les couronnes de corymbes qui forment les accessoires de la planche XXVIII indiquent assez que ce sujet a rapport à quelques cérémonies du culte de Bacchus. Il est plus difficile de déterminer précisément à quelle partie des fêtes ou des mystères de ce dieu ce sujet se rattache. Cette jeune femme, vêtue d'habits magnifiques, des habits de fêtes des bacchantes [1], ne seroit-ce pas une canéphore [2]? Les personnages qui l'environnent ne seroient-ils pas ses parents qui lui apportent les couronnes [4] de la procession? Mais alors pourquoi avoir donné à une personne subalterne la pose et l'attitude de l'antistide, de la reine des sacrifices [5]? Ne seroit-ce pas plutôt ce personnage important, quoique le peplus dont il étoit toujours revêtu dans les cérémonies [6] soit renversé par derrière? Peut-être n'est-ce qu'une préparation à l'initiation? peut-être instruit-on les adeptes de la manière dont ils doivent se conduire pendant ce temps sacré [7]? C'est à cette dernière opinion que nous nous arrêtons.

remarque: deux sont auprès l'un de l'autre, ce sont ceux à qui Vénus devoit en quelque sorte la vie, Hygin., fab. 197; German., *in Arat.*, et qui formèrent la constellation des deux poissons. L'autre ne peut être que celui qui lui prêta sa forme lorsqu'elle fuyoit le géant Typhon, et dont elle fit aussi la constellation du poisson austral. Hygin., *Poetic. astron.*, lib. II, cap. 31; Manil., lib. IV; Eratosth., cap. 38.

Afin de mettre le lecteur à même d'apprécier lui-même ces conjectures que M. Millin n'a pas faites, nous avons fait graver ce vase en vignette; il forme celle du n° X. On observe encore sur ce vase deux génies placés à chaque côté de Vénus; ils ont à la main les attributs des mystères: l'un porte le miroir de la fantasmagorie, Porphyr., *Ap. Iambl. de Myster.*; Euseb., *Prœpart. evang.*, lib. III; et l'autre les bandelettes de l'initiation. Procl. *in Platon. Polit.*; *Schol.* Apollon., lib. I, v. 917; *Schol.* Homer., *Iliad.*, lib. I, v. 334; lib. XVI, v. 100. Voyez *suprà* la note 1 de la page 14. Si ce sujet avoit fait partie de la collection de M. le comte de Lamberg, nous aurions développé notre opinion sur toutes ces figures, parées des symboles des mystères que l'on rencontre souvent sur les vases, placées par deux ou par quatre, ou autour de tombeaux ou de temples; peut-être en ferons-nous le sujet d'une dissertation particulière, car nous pensons qu'il reste encore beaucoup à dire sur l'intention que les peintres pouvoient avoir en retraçant de pareils personnages.

(1) Bacchus faisoit porter à ses bacchantes dans les jours de triomphe ou de grande solennité des vêtements fins et richement brodés. Diodor., lib. IV, cap. 1.

(2) Les canéphores étoient une troupe de jeunes vierges qui portoient les cistes mystiques aux processions de Bacchus; elles avoient un collier de figues. Aristoph., *Lysistr.*, v. 647; Plut., *De Cupid. divit.*

(3) C'étoit un grand honneur pour une famille lorsqu'une fille étoit admise à être canéphore; car ces jeunes vierges étoient aussi distinguées par leurs mœurs que par leur naissance. *Schol.* Aristoph., *Archan.*, v. 241. La sœur d'Harmodius ayant été choisie pour remplir les fonctions de cette charge, Hippias et Hipparque, tyrans d'Athènes, refusèrent de l'admettre comme étant indigne d'un pareil honneur. Cet affront leur coûta la vie. Thucyd., lib. VI, §. 56.

(4) *Vid. sup.*, pag. 21, 22. Ces bacchantes avoient une espèce de couronne où l'on voyoit trois petits globules que Lucien, *in Tragopodera*, v. 78, appelle *sphagisma*.

(5) *Regina sacrorum*: c'étoit quelquefois la déesse Libéra elle-même.

(6) *Vid. sup.*, pl. V, pag. 4.

(7) Toutes les nuits consacrées aux mystères, surtout

Les deux postulants sont les deux figures presque nues, dont l'une tient les bandelettes, premier degré de l'initiation[1]; l'autre est assise comme l'antistite, dont il n'a pas encore reçu la bandelette sainte qu'elle tient à la main. Les deux autres figures sont des initiés; la couronne de corymbe qu'on leur voit à la main ne est le symbole[2].

Une particularité remarquable, c'est que les candidats sont coiffés tous deux d'un bonnet tout-à-fait singulier. Est-ce le bonnet de Bacchus[3] qu'ils portent sur la tête? Mais alors ils seroient blancs, et d'ailleurs nous ne voyons pas qu'il jouât un rôle dans les mystères[4]. Ne seroit-ce pas le symbole distinctif des Dioscures[5]? et les deux figures qui les portent ne représenteroient-elles pas ces deux héros? C'est ce que nous croyons assez probable. En effet, l'histoire nous apprend qu'ils furent admis à l'initiation, et que pour jouir de cette faveur ils furent obligés de se faire adopter citoyens d'Athènes[6]. Ce personnage qui se trouve debout à côté de la reine des sacrifices, et qui, par son attitude et la chlamyde qu'il porte, paroît être d'un rang élevé, seroit alors Aphidnus[7], le père adoptif des deux jumeaux. Il les assiste comme cela avoit lieu pour l'initiation de l'enfant du sanctuaire[8].

à ceux d'Eleusis, étoient appelées *nuits saintes*. Etymol. magn., *in Voc.*, Αμυσθτος; elles étoient aussi appelées *mystiques*. Sopat., *Div. quæsti.*

(1) Dans l'origine des mystères, on se présentoit toujours à l'initiation avec la bandelette; c'est ce qui avoit lieu à Samothrace. Procl. *in Platon. polit.*; *Schol.* Apoll. *ad* lib. I, v. 917; *Schol.* Hom., *ad Iliad.*, lib. I, v. 334; lib. XVI, v. 100. Les bandelettes de cette peinture sont des *tænia*. *Vid. sup.*, pag. 14, not. 5.

(2) Winckelmann a conjecturé que les colliers de figues que l'on voit souvent sur les vases à la main de figures de femmes, indiquoient que celles qui les portoient étoient initiées aux mystères de Bacchus. Il se fonde sur ce passage de Plutarque, qui nous apprend le motif de la consécration du figuier à Bacchus comme en Egypte il l'étoit à Osiris: Και θριω βασιλεα και το νοτιον κλιματου κοσμου γραφουσι, και μεθερμηνευεται το θριον ποτισμος και κινησις παντων, και δοκει γεννητικη μοριο την φυσιν κοινται. Plut., *De Is. et Osir.* A plus forte raison pouvons-nous penser que les couronnes ou colliers de corymbes indiquent que ceux qui les portent sont des initiés. Le lierre étoit aussi cher à Bacchus que les pampres et les raisins. Les colliers de corymbes de cette planche sont du genre de ceux dont nous avons parlé plus haut: *Laxatis onerata colla corymbis. Vid. sup.*, p. 13, n. 5.

(3) Valérius Flaccus décrit ainsi le bonnet de Bacchus:

. . . . . *Et nivea tumeant ut cornua mitrâ.*

Valer. Flacc., *Argon.*, lib. II, v. 370.

Bacchus étoit coiffé d'une mitre de femme, θηλυμιτρης, Lucian., tom. I, p. 247; ou d'une mitre d'or, Sophocl., *OEdip. Tyr.*, v. 218; *Anthol.* Jacobs III, 217; Brunck. II, 517, v. 23.

(4) Cependant nous verrons à la planche XXXII que les bacchantes portoient des bonnets. Voyez ci-après page 48, note 6.

(5) On conservoit dans le temple qu'on leur éleva après leur mort l'œuf sacré, symbole du monde, dont on les disoit éclos: chacun des deux hémisphères ou demi-coquilles leur servoit de bonnet. Pausan., *Lacon.*, pag. 97. Aussi les bonnets qu'on leur donne sont-ils ordinairement simples.

On voit dans Millin, *Peint. de vas.*, plusieurs peintures qui ont quelques rapports avec le sujet de notre vase. Tom. II, pl. LXIX, LXXIII, LXXIV.

(6) C'étoit surtout pour être initié aux mystères d'Eleusis qu'il étoit nécessaire de se faire adopter par un citoyen d'Athènes. Hercule se déclara fils adoptif de Pylius lorsqu'il voulut y être initié. Apollod., lib. II, cap. 5; *Schol.* Aristoph. *Plut. ad* v. 846; *Schol.* Homer. *ad Iliad.*, lib. VIII, v. 358. Les Dioscures suivirent son exemple, et Aphidnus leur servit de père. Plutarch., *Vit. Thes.* Ensuite il suffit d'être inscrit citoyen d'Athènes pour jouir de cet avantage, ce qui arriva à Hippocrate, Soran., *Vit. Hippocrat.*, et au philosophe Anacharsis, Lucian., *De Scyth.* Enfin par la suite les Athéniens, quoi qu'en dise Julien, *Orat.* VII, y reçurent indistinctement tous les Grecs. Herod., lib. VIII, §. 65.

(7) Plutarch., *Vit. Thes.*

(8) Voyez Thucydid., lib. I, cap. 126; Marcell., *Comment. in Hermog.*; Diogen.-Laert., *Vit. Epimenid.*

Enfin, l'on voit encore sur cette peinture le génie des mystères[1] qui cherche à fixer l'attention d'un des postulants; nouvelle preuve qu'il s'agit de quelque chose d'extraordinaire. On diroit que la présence de ce génie est là pour décider une question importante.

PLANCHE XXIX.

Un faune, couronné de myrte[2] et tenant une outre, semble éviter un jeune homme qui, une coupe à la main, lui demande un peu de son vin délicieux. Telle est la peinture simple et naïve de la planche XXIX.

Ce sujet nous offre une double conjecture; il peut avoir rapport au second jour des Anthestéries[3], ou à la fête nommée *Ascolie*.

Au second jour des Anthestéries nommé Χοες[4], après différentes cérémonies relatives à l'origine de cette fête[5], vers le soir la trompette sonnoit, et soudain un combat à qui boiroit le mieux commençoit. Une outre enflée de vent étoit placée au milieu des concurrents; chacun d'eux devoit y monter tour-à-tour, et ainsi placé il devoit boire d'un trait un chœs de vin : celui qui en venoit à bout étoit déclaré vainqueur[6]. Il avoit pour prix : 1° une couronne de feuilles d'arbre[7], ou même une couronne d'or[8]; 2° l'outre de Ctésiphon pleine de vin : Ασκον Κτησιφωντος ληψεται[9]. Dans la peinture que nous expliquons, le faune vainqueur ne veut pas partager le prix de sa victoire avec le jeune vaincu qui le suit.

L'Ascolie[10] étoit une fête du même genre que célébroient les paysans athéniens en l'honneur de Bacchus. Une outre de peau de bouc enflée de vent ou

(1) Ces génies jouoient un grand rôle dans les mystères. Plutarch., *De Oracul. defect.* On pensoit que les dieux se servoient du ministère de ces êtres tout à-la-fois célestes et terrestres pour l'exécution de leurs volontés. Plutarch., *ibid.* Platon suppose que leur nature étoit connue des initiés. Plat., *Sympos.*

(2) Tous les satyres initiés en portoient aussi. Aristoph., *Ran.*, v. 337, *cum Schol.*

(3) Fêtes de Bacchus, ainsi nommées, soit parcequ'elles se célébroient avec beaucoup de fleurs, Etymolog. magn., *in hac voc.*; soit parcequ'elles se célébroient dans le mois d'anthestérion, qui luimême avoit été ainsi nommé parceque dans ce mois, qui répond à notre mois d'avril, tout fleurit dans la nature. Macrob., lib. 1, cap. 14. Ce n'étoit pas le nom d'une fête particulière, mais le nom générique de trois fêtes consécutives qu'on nommoit *Pithœgie, Choes, Chytres.* Apollod., *ap. Schol.* Aristoph., *ad Archarn.*

(4) C'étoit le nom d'un vase qui contenoit une grande mesure.

Cette fête se célébroit le douze d'anthestérion. Demosth., *ap.*; Harpocrat., *in voc.*, χοες; Hesych., *in voc.*, δωδεκατη.

(5) *Vid.* Athen., lib. X; Plutarch., *Sympos.*, lib. II, quæst. 10; Apoll., *ap. Schol.* Aristoph., *ad Archarn.*; *Schol.* Aristoph., *ad equit.*; Meurs., *De feriis græc.*

(6) *Schol.* Aristoph., *ad Archarn.*; Suid., *in voc.*, χοες.

(7) Suid., *loc. mod. laudat.*

(8) Ælian., *De var. histor.*, lib. II, cap. 41.

(9) Aristoph., *Archarnass.*, v. 1008; Ælian., *De var. histor.*, lib. II, cap. 41.

Ce vainqueur étoit même nommé roi :

Ως κατακριτας μ' εκφερετε, που 'οτινο βασιλευς
Αποδοτε μοι τον ασκον.

Aristoph., Archarn., v. 1232.

Usage que le scholiaste dit se rapporter à la fête du chœs. Cela n'a-t-il pas de grands rapports avec notre fête des rois?

(10) Ce nom dérivoit de απο του ασκου, de l'outre.

de vin, ointe d'huile pour la rendre plus glissante, étoit placée sur une espèce de théâtre; chaque concurrent y venoit sauter tour-à-tour à cloche-pied; et comme il étoit presque impossible qu'on ne tombât pas, chaque chute excitoit les ris grossiers des spectateurs[1].

> *Veteres ineunt proscenia ludi,*
> *Præmiaque ingentes pagos, et compita circum*
> *Thescidæ posuere: atque inter pocula læti*
> *Mollibus in pratis unctos saliere per utres*[2].

Le prix du vainqueur (c'étoit celui qui, en retombant sur l'outre, pouvoit s'y maintenir), étoit aussi une outre de vin[3].

La couronne que porte le faune peut faire penser que cette peinture se rapporte au second jour des Anthestéries, quand même la fête du Choes n'auroit pas été instituée par Démophon, fils de Thésée, et que cette peinture ne seroit pas le revers de la planche suivante, où l'on voit le vainqueur du minotaure. D'un côté c'est le père, et de l'autre le fils, que l'artiste a représentés.

PLANCHE XXX.

La victoire de Thésée sur le Minotaure[4], que représente la planche XXX, est une fable si connue, que nous nous croyons autorisés à ne pas la répéter. Il est vrai que des difficultés en obscurcissent les accessoires; ainsi on n'est pas d'accord sur l'époque où se renouveloit le cruel tribut que devoient envoyer les Athéniens[5]. On a long-temps hésité avant de décider si le Minotaure étoit un taureau à tête d'homme ou un homme à tête de taureau[6]. Les uns l'ont nommé Astérion[7], tandis que les autres[8] ont donné ce nom à un fils de

(1) Eustath., *ad* Homer., *Odyss.*, lib. X; Tzetz., *ad* Hesiod., *oper. et dies; Schol.* Arist.; Orph., *ad Plut.;* Poll., lib. II; Hesych., *in* Ασκωλια; Suid., *in ead. voc.*

(2) Virgil., *Georg.*, lib. II, v. 381.

(3) *Schol.* Aristoph., *loc. mod. laud.*

(4) Ovid., *Metam.*, lib. VIII, v. 169, *Epist. X;* Virg., *Æneid.*, lib. VI, v. 20; Apollod., lib. III, cap. 1, §. 4; Diod., lib. IV, cap. 77; Plutarch., *Vit. Thes.;* Hygin., *fab.* 40; Palæphat., *De incredib.*, cap. 2; Lucian., *Ver. hist.*, lib. II, cap. 44; Tzetz., *in Lycophr. Cassandr.* 224.

(5) Plutarque et Ovide, *loc. mod. citat.*, disent que cette époque revenoit tous les neuf ans. Diodore dit que ce n'étoit que tous les sept ans. Wisseling, d'après plusieurs manuscrits, met εννεα au lieu d'εττα; mais Virgile présente une nouvelle version:

> *Tum pendere pœnas*
> *Cecropidæ jussi, miserum! septenna quotannis*
> *Corpora natorum.*
>
> Virg., Æneid., lib. VI, v. 20.

Et on trouve également dans Apollodore, lib. III, cap. 15, §. 9, que ce tribut se renouveloit tous les ans. Pourquoi donc les académiciens d'Herculanum, lib. XXIII, cap. 11, proposent-ils de substituer à κατ' ετος, κατ' εθος, selon l'usage, quand Pausanias confirme la version d'Apollodore et de Virgile. *Att.*, cap. 24.

(6) Diodore, Apollodore, Tzetzes, Paléphate, Hygin, Lucien, *locis supr. laudat.*, donnent au Minotaure cette dernière forme; tandis que le type des médailles de la Campanie et une cornaline, *Mus.* Strozzi, lib. IV, pl. XXXI, le représentent avec le corps d'un taureau et le visage d'un homme. Voyez à ce sujet Eckhel, *Doctrin. numm.*, p. 129; Pellerin, lib. III, pl. XCVIII, n° 34. Ils prouvent que le Minotaure est un homme à face de taureau.

(7) Apollod., lib. III.

(8) Pausan., *Corinth.*, cap. 31. Il dit que cet Astérion surpassoit en force et en vigueur tous ceux que Thésée combattit en Crète, et qu'après avoir trouvé le moyen de sortir du labyrinthe, le héros d'Athènes de retour

Minos, qu'ils font combattre par Thésée dans le labyrinthe. Enfin on a donné différentes explications de cette fable, qui sont inconciliables entre elles[1]. Si les auteurs diffèrent entre eux, les peintres ne sont pas plus d'accord: tantôt Thésée est nu[2] ou couvert d'une simple tunique[3], tantôt il est vêtu d'une peau d'animal[4] ou d'une chlamyde[5]. Ici, comme sur notre vase, il est armé de l'épée[6] que lui a donnée Ariadne avec le peloton de fil; là, il est armé d'une massue[7], c'est Thésée Corynète qui combat. Enfin Pausanias nous apprend que sur le siège d'Apollon[8] à Amyclée, Thésée étoit représenté traînant le Minotaure par une chaîne qu'il lui avoit attachée au cou; il ne peut se rendre raison de cette bizarrerie. Nous imiterons la sage retenue de cet auteur.

PLANCHE XXXI.

Nous renvoyons l'explication de cette peinture à la planche XI., qui, à quelques accessoires près intéressants pour l'explication, représente le même sujet[9].

dans sa patrie éleva à Trézène, en mémoire de sa victoire, un temple à Diane préservatrice.

(1) Les uns ont dit que c'étoit un fils adultère de Pasiphaé et du favori Taurus. PALÆPHAT., lib. I. D'autres ont soutenu que la fable de ce monstre étoit vraie; que Dédale étoit l'infame complaisant qui avoit souillé son génie en fabriquant une machine qui, revêtue de la peau d'une génisse, séduisit le taureau dont la reine étoit éprise, et que c'est dans cette mécanique qu'elle jouit de sa monstrueuse passion. PALÆPHAT., loc. citat. D'autres enfin n'ont vu dans toute cette fable que des rapports astronomiques.

(2) Peintur. d'Herculan., tom. I, pl. V.

(3) On le voit aussi dessiné dans une collection de vases sans texte que publie l'éditeur des vases expliqués par M. Millin.

(4) C'est ainsi qu'il est représenté sur notre vase et sur celui que M. Millin a expliqué. MILL., Peint. de vas. antiq., tom. II, pl. LXI.

C'étoit le premier costume des héros à ce que nous apprend Hérodote. Diodore nous dit que cet usage avoit lieu en Egypte, et que les souverains ne dédaignoient pas cette parure. DIODOR., lib. I. Enfin, Pausanias nous apprend que les Arcadiens s'en servoient comme d'armes défensives, PAUSAN., Mess., cap. 36; et que d'autres

peuples s'en servoient pour vêtement. PAUSAN., Phoc. c. 38.

(5) TISCHB., tom. I, pl. XLII.

(6) MILLIN., loc. mod. citat.

(7) TISCHB., tom. I, pl. XLII; Herculan., tom. I, pl. V. Ce n'est pas étonnant d'après Plutarque. Il est certain que Thésée ne s'embarqua pour la Crète qu'après avoir défait plusieurs brigands, entre autres Procuste, dont il porta toujours la massue. PLUTARCH., Vit. Thes. Apollodore assure même que c'est avec cette même massue qu'il tua le Minotaure. Lib. III, cap. 15. Mais cette massue étoit appelée ευ'ηραν ou καλκην. APOLLOD., loc. citat.; PAUSAN., Corinth. Homère, Iliad., lib. VII, v. 141, l'appelle σιδέρεαν: elle étoit de fer ou de bronze. Cependant Ovide fait écrire par Ariane à Thésée, v. 101:

> Nec tua mactasset nodoso stipite, Theseu,
> Ardua parte virum dextera parte bovem.

Eustathe concilie ces auteurs, et les monuments ci-dessus cités où la massue est aussi une branche d'arbre en nous apprenant qu'elle étoit seulement armée de fer: Ης το του ξυλου εξ ακρον παχυ σιδηρουν εστι. Ad Iliad., loc. cit.

(8) PAUSAN., Lacon., cap. 18.

(9) Ce vase a été trouvé à Nola.

Même grandeur que les figures du vase.

Sujet d'un Vase de la même forme.

Sujet d'un Vase de la même forme.

Figures d'un Vase de la même forme.

Sujet d'un Vase de la même forme.

Sujet d'un Vase de la même forme.

Sujet d'un Vase de la même forme.

Seconde partie du sujet précédent.

Figures d'un Vase de la même forme.

Figures d'un Vase de la même forme.

Sujet d'un Vase de la même forme.

Sujet d'un Vase de la même forme.

Sujet d'un Vase de la même forme.

Sujet d'un Vase de la même forme.

PLANCHE XXXII.

Ce n'est pas la première fois que nous voyons cette charmante composition sur les vases. Tischbein[1] en a publié un dont la peinture ressemble beaucoup à celle-ci; il ne lui manque que la dernière figure armée d'un bâton et les petits autels que l'on voit sur le devant.

Après avoir passé la nuit dans le sanctuaire saint de l'antre de Bacchus, la troupe des initiés et des bacchantes célébroit son réveil en faisant plusieurs fois le tour du bois sacré[2]. Quoique ces fêtes fussent bruyantes, l'ordre que l'on y observoit étoit remarquable:

> *Jamque movent gressus thyasisque Ismenia buxus*
> *Signa dedit, quater æra Rheæ, quater evia pulsant*
> *Terga manu; variosque quater legere recursus:*
> *Tunc thyrsos pariterque levant, pariterque reponunt.*
> *Multiplicantque gradum, etc.*[3]

On a fait allusion dans notre peinture à ce nombre quatre[4]. Il y a quatre hommes, et une seule bacchante vêtue de blanc, couleur chère à Bacchus[5]. Dans le vase publié par Tischbein, il n'y a que quatre personnages. Tous les accessoires des bacchanales se rencontrent ici, le flambeau[6], des branches

---

(1) Tischb., tom. III, pl. XXX. Il y a deux vases dans Millin qui ont quelque rapport avec celui-ci. *Peint. de vas. antiq.*, tom. I, pl. XXVII; tom. II, pl. XLII.

(2) Il est vrai que dans l'origine les hommes n'étoient pas admis dans les bacchanales:

> *Lex procul ire mares.*
>
> Stat., *Achill.*, lib. 1, v. 597.

Encore n'étoient-ils éloignés que de l'antre sacré:

> *Iterat præcepta verendus*
> *Ductor, inaccessumque viris edicitur antrum.*
>
> *Ibid.*

Dans la suite, les jeunes gens avant vingt ans y furent admis.

(3) Stat., *Achill.*, lib. II, v. 153.

(4) Ce nombre quatre devoit avoir rapport à la croyance que Bacchus étoit le soleil: il représentoit sans doute les quatre saisons.

(5) Bacchus habillé en bacchante avoit des robes de cette couleur:

> Μιμπλη κροκο πεπλος εν ειμασι φαινετο κουρη.
>
> Nonn. *Dionys.*, lib. XIV, v. 160.

Dans les bacchanales c'étoient ordinairement les femmes qui faisoient de la musique. *Schol.* Juvénal., *Satyr.*

(6) Athen., lib. XIV. *Vid. sup.*, pl. XXIV, pag. 32, note 2.

d'arbre[1], des bandelettes blanches[2], la double flûte[3], et les contorsions[4].

Enfin il faut faire attention au bonnet qui coiffe la ménade, et que nous avons vu déja[5]. Quoique cette circonstance ne se remarque pas souvent[6], elle n'est pas étrangère au mythe de Bacchus. En effet, ces bonnets ont assez la forme phrygienne[7], et il ne faut pas oublier que c'est en Phrygie que Bacchus[8] a été élevé; et que le poëte contemporain d'Orphée, ayant ramassé tout ce qui concernoit ce dieu, avoit fait un poëme intitulé *le Bacchus[9] phrygien*[10].

PLANCHE XXXIII.

Nous ne parlerons pas ici des formes de ces vases; nous nous réservons d'en parler dans une dissertation particulière que nous placerons à la suite des explications des peintures.

La peinture du vase n° 8 est assez insignifiante; elle représente un de ces revers que l'on rencontre si souvent. Celle du n° 7 offre une bacchanale que l'on reconnoît facilement au tambour de basque[11], aux thyrses, aux bandelettes, et à la couronne de roses[12]; elle est le revers de la peinture que nous publions

(1) . . . . . *Terraque revulsas*
Ferre trabes gratosque deo præstare furores.
STAT., *Achill.*, lib. I, v. 595.

(2) *Albenti velatæ tempora vittâ.*
OVID., *Metam.*, lib. N, v. 110.

D'autres auteurs prétendent que c'est la couleur pourpre qui convenoit aux bandelettes des bacchantes :
Cinxit purpureis flaventia tempora vittis.
STAT., *Achill.*, lib. I.

(3) Elle fut introduite dans les bacchanales, parceque beaucoup de personnes jouoient de cet instrument en faisant les vendanges. PHORNUT., *in Bacch.*

(4) Nous ne voyons ici que des tours de force faits avec les mains :
Magnaque difficili solventem bracchia motu.
STAT., *Achilleid.*, lib. I, v. 603.

(5) *Vid. sup.*, pl. XV.

(6) Les bacchantes sont ordinairement peintes les cheveux épars :
Ibat, ut edono referens Trieterica Baccho
Ire solet fusis barbara turba comis.
OVID., *De Remed. amor.*, v. 601.
Collaque jactavit crinemque per aera movit.
OVID., *Metam.*, lib. III, v. 726.
Crinemque rotant ululante Priapo
Mœnades.
JUVENAL., *Satyr. VI*, v. 315.

Cependant elles portoient quelquefois des mitres :
Serta comis mitramque arat thyrsumque virentem
Armat.
STAT., *Achilleid.*, lib. I, v. 616.

Urbibus in mediis Bacchæaque terga, mitrasque
Huc tuleris, varioque aspersas Nebridas auro?
Ibid., liv. II, v. 40.

(7) Dans la planche XV elles sont à côté de Rhéa, déesse indigène de ce pays.

(8) NONN., *Dionys.*, lib. IX jusqu'à lib. XIV.

(9) DIOD., lib. III.

(10) Ce vase a été trouvé à Saint-Agata de Goti.

(11) Que ce tambour soit employé dans les fêtes de Bacchus et de Cybèle, c'est une chose aussi connue que l'usage qu'on y faisoit du thyrse :
Niveis citata cepit manibus leve tympanum,
Tympanum, tubam, Cybelles, tua, mater initia
Quatiensque terga tauri teneri cava digitis.
CATUL., LXI, 8.
Femineæ voces, impulsa tympana palmis.
OVID., *Metam.*, lib. IV, v. 30.

Souvent on les frappoit avec des branches d'arbre; ils ressembloient à des cribles :
Tympanum est pars media symphoniæ in similitudinem cribri, et ipsum ut symphonia ad virgulam percutitur. ISIDOR., III, 21.

Ce tambour est d'une origine très ancienne; il étoit déja employé dans les cérémonies religieuses des Egyptiens au temps de Moise :
Sumpsit... soror Aaron Tympanum in manu suâ;
egressæque sunt omnes mulieres post eam cum tympanis et choris quibus præcinebat, etc. EXOD., cap. 15, v. 20.

(12) Το ροδον το των ερωτων
Μιξωμεν Διονυσω,
Το ροδον το καλλιφυλλον
Κροταφοισιν αρμοσαντες,

à la planche suivante, et qui représente l'apothéose d'Hercule. Il ne faut pas s'étonner de voir une fête de Bacchus servir de pendant au fils d'Alcmène. Toutes les danses particulières à certaines divinités devinrent bientôt du domaine de Bacchus[1]; d'ailleurs ce ne seroit pas la première fois qu'on verroit ces deux divinités réunies[2].

PLANCHE XXXIV.

L'apothéose[3] d'Hercule que représente cette planche a été souvent un sujet qui a exercé le génie des artistes de l'antiquité[4]; mais il ne nous reste aucun monument qui représente cette cérémonie avec autant de noblesse et de détails que cette peinture.

Hercule[5] dans l'attitude d'un homme assis, appuyé sur sa massue, armé encore de son carquois et de son arc terrible[6], présente à Hébé une

Πινωμεν αὖρα γελωντες.

. . . .

Στεφον οὑν με, και λυρισω
Παρα τοις Διονυσι σηκοις
Μετα κουρης βαθυ κολπου
Ροδινοισι στεφανισκοις
Πεπυκασμενος χορευσω.

ANACREON., od. v.

Ne diroit-on pas que ces vers sont l'explication de notre bacchanale? Dans l'ode LIII le même auteur a dit en parlant de la rose:

Ὡς σοφῳ το δ' αυτο τερπνον
Θαλιαις τε και τραπεζαις
Διονυσιαις θ' εορταις.

ANACREON., od. LIII, v. 16.

Cependant la rose comme le myrte étoit plutôt consacrée à Vénus. PAUS., Elid., lib. II, cap. 24.

(1) Ainsi la gymnopédie devint une danse de bacchanales. ATHEN., lib. XIV. Ainsi la pyrrhique, danse militaire des Grecs, devint une danse de Bacchus. Les danseurs au lieu d'armes portoient des thyrses, des flambeaux et des roseaux. ATHEN., lib. IV, pag. 630. Entre les danses consacrées à Hercule, on connoit la tetraromos ou la callinicos; elles se célébroient en mémoire de Cerbère enchaîné. LUCIAN., De Salt.

(2) Sur une médaille d'Héraclée en Laconie, on voit d'un côté Bacchus, et au revers Hercule. ECKHEL., Num. veteres anecdoti, pag. 37, pl. III, n° 14. Ces deux divinités sont encore jointes sur le bas-relief Farnèse, où Hercule boit au milieu de satyres qui lui amènent de vive force Hébé destinée à être son épouse. CORSINI, Hercul. quies, etc. Farnes. marm.; MURAT., Thesau., tom. I, p. 60; MONTFAUC., Antiq. expl., tom. I, p. 11, pl. CXLI. Sur un vase d'or de la Bibliothèque royale, Hercule dispute à Bacchus à qui boira le mieux. MILL., Monum. inéd., tom. I, pag. 225. Ils sont encore réunis sur un vase publié par MILLIN, Peint. antiq., tom. I, pl. XXXVIII. La conformité qui se trouve entre ces

deux divinités comme héros a été le sujet d'une charmante épigramme que l'on trouve dans l'Anthologie. BRUNCKII, Analect., tom. III, pag. 201, epigr. CCLI; tom. IV, pag. 169, édit. de Jacobs.

(3) Nous n'entrerons pas dans la question de savoir si Hercule a jamais existé; ce qui nous intéresse, c'est de savoir si les anciens ont reconnu son apothéose. DIOD., lib. IV; OVID., Metam., lib. IX, v. 369 et seq.; APOLLOD., lib. II, cap. 7; PAUS., Lac., cap. 18; SENEQ., Hercul. œtæus ult. chor., en font mention. On trouve dans Virgile cette prière qui lui est adressée:

Salve, vera Jovis proles, decus addite Divis!
Et nos et tua dexter adi pede sacra secundo.

VIRG., Æn., lib. VIII, v. 301.

Orphée a fait un hymne à Hercule Soleil.

Le chœur dans Sénèque donne la foudre à Hercule:

Tu fulminibus frange trifurcis
Fortius ipso genitore tuo
Fulmina mittes.

Hercul. fur., v. 1993.

(4) C'étoit un des sujets du trône d'Apollon à Amyclée. PAUSAN., Lac., cap. 18.

On trouve aussi ce sujet plusieurs fois sur les vases. PASSERI, tom. III, pl. CCL, CCLI et CCLXXIV; TISCHB., tom. I, pl. XXI; tom. IV, pl. XXXV.

(5) Il est barbu; c'est ainsi qu'il mourut:

Nunc ora flammis implet, ast illi graves
Luxere barbæ: cumque jam vultum minax
Appeteret ignis, lamberent flammæ caput,
Non pressit oculos.

SENEC., Hercul. œtæus, v. 1752.

Dans tous ses travaux on le représente ordinairement barbu.

(6) Cependant on rapporte qu'Hercule avant de se jeter sur le bûcher, remit à Philoctète son carquois, son arc et ses flèches. SENEC., Hercul. œtæus, v. 1648. Ovide dit qu'il les fit mettre sur son bûcher. Loc. cit., v. 332.

coupe[1] qu'elle va remplir du nectar divin. On distingue, derrière Hercule, Mercure qui se retire après avoir introduit le nouveau dieu[2]. Au-dessus de Mercure[3], Minerve examine son ancien protégé[4]. Comme Mercure, elle gardoit une des portes des cieux par lesquelles les nouvelles divinités devoient passer[5]. Voilà pourquoi on les voit souvent dans toutes les apothéoses[6]; d'autres fois il n'y a que Mercure; quelquefois il n'y a que Minerve[7].

Vis-à-vis Hercule, on remarque la jeune Hébé soutenue par ses ailes[8]; elle va verser le nectar des immortels au dieu qui sera bientôt époux. La jalouse Junon doit enfin oublier son animosité contre Hercule[9], et la main d'Hébé sera le témoignage de leur réconciliation[10].

Auprès d'Hébé cette branche de laurier n'indiqueroit-elle pas que le personnage qui se trouve à côté d'elle est Apollon[11]? En effet, il a en outre le

---

Il ne faut pas s'étonner de cette inadvertance des auteurs, puisque l'ombre d'Hercule étoit aux enfers et son ame aux cieux. HOMER., *Odyss.*, lib. XI, v. 600; LUCIAN., *Mortuor. dialog.* Voyez comment Lucien dans ce dialogue se moque finement de cette fiction poétique.

(1) C'étoit alors qu'il devenoit immortel. C'est une heureuse allégorie que celle qui fait renaître Hercule pour lui donner la jeunesse. Aussi Nonnus comparoit cette divinité au phénix. NONN., lib XL, v. 400.

(2) Voyez plus haut, pag. 40, n. 5.

(3) Le costume de Minerve est remarquable: elle n'a pas son casque; elle tient au lieu d'une lance un bâton, qui étoit aussi avec le sceptre le signe de l'autorité. PAUS., *Phocid.*, cap. 30. Elle porte le bouclier qu'on ne voit que rarement à son bras. C'est peut-être comme déesse de la paix qu'elle est ainsi vêtue; car elle présidoit à la guerre comme aux beaux-arts :

> *Ipse vides manibus peragi fera bella Minervæ;*
> *Nom minus ingenuis artibus illa vocat.*
>
> OVID., *Fast.*, lib. III, v. 5.

Et Lucien nous dit qu'elle étoit représentée avec des vétements différents, selon qu'elle étoit considérée ou comme guerrière ou comme déesse de la paix. LUCIAN., *De Dom.* Or ici nous ne lui voyons que des armes défensives, les seules qui conviennent lorsqu'il n'y a pas de guerre.

(4) Sur le trône d'Apollon à Amyclée, Hercule étoit introduit par Minerve dans l'assemblée des dieux. PAUS., *Lac.*, cap. 18.

(5) Voici l'explication de cette opinion de l'antiquité. Les deux tropiques étoient considérés comme les deux portes du ciel; par celui du cancer les ames étoient considérées descendre sur la terre. MACROB., *Somn. Scip.*, lib. I, cap. 12; *Saturnal.*, lib. I, cap. 19 : *Per hunc in inferiorem descensus est.* Or Mercure étoit censé y présider, comme le prouve un planisphère rapporté par Kirker, *OEdip.*, lib. I, cap. 2; et un monument ancien publié par Montfaucon, *Antiq. explor. suppl.*, tom. I, pl. XXXVIII. C'est pour cela qu'il étoit appelé *Chthonius :*

> *Tu pias lætis animas reponis*
> *Sedibus, virgaque levem coerces*
> *Aurea turbam, superis deorum*
> *Gratus et imis.*
>
> HORAT., lib. I, od. X, v. 17.

Minerve en sa qualité de conductrice des ames devoit y présider aussi.

Les ames des immortels rentroient par la porte du capricorne, MACROB., *loc. citat.;* et Mercure, et par conséquent Minerve, y présidoient également. Voyez Saint CLÉM. ALEXAND., *Strom.*, lib. V. Le rapprochement de ces deux divinités étoit basé sur ce qu'elles étoient deux parties du soleil. Mercure étoit le mouvement de cette ame du monde: *Sol anima mundi.* MACROB., *Saturn.*, lib. I, cap. 19. Minerve en étoit l'intelligence et la lumière. *Ibid.* Aussi ne sommes-nous pas étonnés de voir Apollon ou le dieu soleil représenté dans les apothéoses.

(6) *Vid. suprà*, pl. XXVII. PASSER., pl. CCI., t. III.

(7) PAUS., *Lac.*, cap. 18.

(8) *Nectar et ambrosiam latices epulasque deorum*
> *Det mihi formosa gnava juventa manu.*
>
> OVID., *Pont.*, lib. X, ep. 11.

(9) *Assensere Dei, conjux quoque regia visa est.*
> *Cetera non dura, dura tamen ultima vultu.*
>
> OVID., *Metam.*, lib. IX, v. 266.

(10)
> Αυτος δε μετ' αθανατοισι θεοισι
> Τερπεται εν θαλιης, και εχει καλλισφυρον Ηβην
> Παιδα Διος μιγαλοιο και Ηρης χρυσοπεδιλου.
>
> HOMER., *Odyss.*, lib. XI, v. 602.

Εκειθεν δε τυχων αθανασιας, και διαλλαγεις Ηρα, την εκεινης θυγατερα Ηβην εγαμεν. APOLLOD., lib. II, cap. 7.

> *Nunc tibi Juno favet, nunc te tua diligit Hebe.*
>
> MARTIAL., lib. IX, epigr. 67.

Il naquit de ce mariage deux fils, Alexiares et Anicetus. APOLLOD., *loc. citat.*

(11) *Vid. suprà*, page 41, note 21.

pétase qui lui est commun avec Mercure; et quant à la double lance qu'on remarque rarement dans les mains du dieu de la lyre, il nous suffira de faire observer que l'Apollon d'Amyclée, une des plus vieilles statues de cette divinité, étoit représenté avec un arc d'une main[1] et une lance de l'autre[2].

Mais que représentent les autres figures qu'on distingue sur cette peinture? Peut-être les accessoires nous feront-ils deviner les personnages dont elles offrent l'image. Nous apercevons d'abord un trépied; c'est sans doute celui qu'Hercule enleva à Delphes, lorsque le dieu faisant taire ses oracles refusa de répondre à ses questions[3] : du moins il a la forme de tous ceux que l'on voit sur les monuments anciens qui représentent cette lutte d'Apollon et d'Hercule[4]. Cette découverte nous porte à penser que c'est parmi les compagnons de notre héros qu'il faut chercher les noms des autres personnages que nous voyons. Si donc nous remarquons deux jeunes gens semblables armés tous deux de la double lance, qui sont en outre dans la même attitude et vêtus de même, il sera difficile de ne pas reconnoître avec nous que ce sont les deux jumeaux de Jupiter et de Léda. Il ne leur manque que le pétase pour qu'ils soient comme Pausanias les décrit[5].

La dernière figure qu'il nous reste à expliquer tient les bandelettes d'une main; elle est placée au-dessus d'un autel[6]. Ce doit être Orphée, celui qui le

(1) Paus., *Lacon.*, cap. 19.

(2) Minerve, Mercure et Apollon pourroient paroître ici pour une autre raison que celle que nous avons développée à la note 7; les deux premiers comme protecteurs constants de ce héros, Hom., *Odyss.*, lib. XI, v. 625; ou pour lui avoir donné, Mercure l'épée et Minerve le bouclier que portoit Hercule dans les combats. Apoll., lib. II, cap. 5. Apollon lui donna aussi ses flèches, *Ibid.*, et lutta avec lui pour le trépied de Delphes. Cicer., *De Natur. deor.*, lib. III, §. 16. Ce qui nous a fait rejeter cette conjecture, c'est qu'on ne voyoit ni Vulcain qui lui donna une partie de son armure, Apollod., *loc. cit.;* Hesiod., *Scut. hercul.*, v. 121; ni les autres dieux qui protégèrent ou instruisirent ce héros. Selon Hésiode, Minerve lui donna sa cuirasse. Hesiod., *loc. cit.*

(3) *Hercules quem concertavisse cum Apolline de tripode accipimus.* Cic., *De Natur. deor.*, lib. III, §. 16. On dit qu'il avoit été à Delphes consulter l'oracle, et que la prêtresse lui ayant fait savoir que le dieu n'étoit pas en humeur de répondre ce jour-là, il fit du bruit et s'emporta jusqu'à renverser et mettre en pièces le trépied sacré. Apollon trouva mauvais ce procédé; il voulut en venir aux mains, mais il eut le dessous. *Schol.* Pind., *Olymp.*, od. ix, v. 45. Pausanias dit au contraire qu'Hercule voulut enlever le trépied, et qu'Apollon s'y opposa. Paus., *Hoc.*, cap. 13. Version que suit encore Apollodore. Cet auteur nous apprend qu'Hercule étant malade alla interroger la pythie, qui ne jugea pas à propos de lui répondre; qu'alors il enleva le trépied sacré, et se fit un oracle à lui-même. Bientôt Apollon vint faire valoir ses droits: on se battit; mais Jupiter lança son tonnerre entre les deux champions, et mit un terme au combat. Hercule eut une réponse favorable, et Apollon conserva son oracle. Apollod., lib. III.

(4) Voyez un bas-relief qui étoit au Louvre, et qu'on trouve dans la collection de Laurent. Voy. encore Visc., *Mus. Pio Clem.*, tom. II, pl. V. Ce sujet formoit un bas-relief qu'on voyoit à Delphes; les deux divinités étoient sur le point d'en venir aux mains, mais Diane et Latone retenoient Apollon, et Minerve Hercule. Paus., *Phoc.*, cap. 13. Ce sujet se trouve aussi sur les vases. Millino., *Peint. antiq.*, pl. XXX.

(5) Pausan., *Lac.*

(6) Nous voyons sur ce vase des autels de plusieurs sortes; celui qui est derrière Apollon étoit dédié à un dieu céleste, θεῷ οὐρανῷ. Il y en avoit de vingt pieds d'élévation comme ceux de Jupiter Olympien. Paus., *Elid.*, lib. I. Les autres étoient plus bas et peu élevés de la terre; ils étoient consacrés aux héros quoi qu'en dise Porphyre (*De antro nymphar.*). On les appeloit Ἐσχαραι. *Schol.* Eurip. *in Phœniss.* Celui qu'on voit sur notre peinture au-dessous d'Hercule est de cette espèce. Les dieux infernaux avoient au lieu d'autels des fossés ou des rigoles que les Grecs nommoient λακκοι et βόθροι.

premier, suivant certains auteurs, inventa les initiations[1] et établit les sacrifices[2]. Ces trois héros accompagnèrent Hercule à la conquête de la Toison[3] d'or, et furent tous trois mis au nombre des dieux[4].

PLANCHE XXXV.

Au premier coup d'œil, cette peinture semble n'offrir qu'une bacchanale; mais un vase publié[5] dans l'ouvrage de M. Millin nous mettra sur la voie pour découvrir quel est le sujet qu'elle représente. En effet, sur ce vase on voit une femme qui a la tête renversée, qui tient un thyrse, et qui est si parfaitement semblable à celle que nous voyons sur le nôtre dans cette attitude, qu'on les diroit calquées l'une sur l'autre. Or le vase publié par M. Millin laisse lire au-dessus de la figure que nous venons de décrire ce mot ΚΩΜΩΙΔΙΑ, la *Comédie*[6]. C'est donc le même personnage que nous voyons sur notre peinture.

Si d'un côté l'on voit la Comédie, l'autre femme, le strophion en tête[7], le port noble et majestueux, vêtue[8] avec autant de grandeur que de simplicité, doit être la Tragédie, quoiqu'elle n'ait pas le chiton tragique[9]; elle n'a pas

La forme des autels n'étoit pas toujours la même; tantôt ils étoient oblongs, ετωμηκες, comme ceux des parques, PAUS., *Elid.*, *loc. cit.*; tantôt carrés comme celui du mont Cytheron. PAUS., *Beot.*, cap. 3. On en voit sur les médailles qui ont la forme ronde. Enfin, les autels les plus anciens étoient ornés de cornes : Εὐκεραῳ παρα βωμῳ. NONN., *Dionys.*, lib. XLIV, v. 96.

(1) On lui attribue l'établissement des mystères de Cérès Chtonia. PAUS., *Lac.*, cap. 14. On lui attribue aussi l'introduction des mystères de Bacchus en Grèce. DIODOR., lib. I, cap. 23 et 96; LACT., *Divin. inst.*, lib. I, cap. 22; THEODOR., tom. IV, p. 722. Apollodore même lui en attribue l'invention : Εὑρε δε Ορφεος και τα Διονυσου μυστηρια. Lib. I, cap. 3, §. 2. Il est vrai qu'Hérodote fait honneur à Mélampe de l'importation en Grèce des mystères de Bacchus; mais ce n'est pas de quoi il s'agit ici. HEROD., lib. II, cap. 49.

(2) Orphée nous enseigna les sacrifices et les initiations, dit Aristophane, *Ran.*, v. 1032, et à nous abstenir des meurtres. Ce fut en effet le but des expiations dont il établit l'usage. PAUS., *Beot.*, cap. 30.

(3) ORPH., *Argon.*; HYGIN., fab. 14; APOLLON., RHOD., lib. I; FLACC. VALER., lib. I.

(4) Les Dioscures furent mis au nombre des grands dieux. PAUS., *Attic.*, cap. 31. Nous ne parlons pas de leur introduction dans le sanctuaire de Samothrace sous le nom de *Cabires;* c'est un fait trop connu. SERV. *ad Virgil.*, lib. III, v. 12; ISOCRAT., *Encom. Helen.;* PAUS., *Phocid.*, cap. 38, *Schol.* APOLLON., *Argon.*, lib. I. Quant à Orphée, il n'y eut que sa lyre qui fut mise au nombre des constellations. HYGIN., *Poet. astr.*, lib. II.

(5) *Peint. étr.*, tom. I, pl. IX. Dans Tischbein, tom. II, pl. I, on voit une figure à peu près semblable, au-dessus de laquelle on lit ΘΑΛΙΑ, ou la muse de la comédie :

Comica lascivo gaudet sermone Thalia.

AUSON., *Idyll.* XX.

Voce Thalia choens soccis Dea comica gaudet.

PETRON., *Elog. Musar.*

(6) La muse de la comédie est représentée avec négligence; elle n'est vêtue que d'une tunique à demi-manche. VISCONT., *Mus. Pio Clém.*, tom. I, pag. 38. Son front est ceint d'une couronne de lierre, symbole de son origine.

(7) C'est plutôt le crédemnon, κρηδεμνον, ou serre-tête. HENR. STEPH. *in h. voc.;* EUSTATH. *ad Iliad.*, lib. X, v. 470. Bacchus en étoit considéré comme l'inventeur, parcequ'il avoit pour objet d'empêcher les maux de tête qui surviennent à ceux qui ont trop bu.

(8) *Melpomene tragico exclamat mæsta boatu.*

AUSON., *Idyll.* XX.

Melpomene reboans tragicis fervescit iambis.

PETRON., *Elog. Mus.*

Venit et ingenti violenta tragœdia passu
Fronte comæ torva, palla jacebat humi.

OVID., *Amor.*, lib. III, eleg. 1, v. 11.

Elle étoit représentée avec une couronne de pampres et de raisins; elle étoit vêtue d'une longue tunique, surmontée d'un péplus. VISCONT., *Mus. Pio Clem.*, tom. I, pag. 38. La plupart des ornements que l'on a donnés à la comédie et à la tragédie sont d'invention moderne. Dans le bas-relief représentant l'apothéose d'Homère, on ne les distingue ni aux masques ni à leurs vêtements. CUPER, *apotheos. Homer.* VISCONT., *Mus. Pio Clement.*, tom. I, pl. B.

(9) Le manteau tragique est quelquefois singulièrement groupé sur ses épaules. VISCONT., *loc. sup. citat.*

l'air d'une inspirée comme la Comédie, parceque dans cette dernière on se permettoit des improvisations[1], qui ne furent jamais tolérées dans la Tragédie lorsqu'elle devint une pièce régulière. Elle porte le thyrse d'une main, et de l'autre le rython de Bacchus[2], ou la corne d'Amalthée, symbole qui appartenoit également au dieu des vendanges[3]. Ces attributs marquent et son origine et sa destination provisoire. Elle est enfin au milieu de deux silènes, l'un pour indiquer ce qu'elle fut à sa naissance[4], l'autre pour rappeler que le spectacle tragique se terminoit à Athènes par une farce burlesque nommée *Satyre*[5]. Ces faunes, il est vrai, n'ont pas les pieds de chèvre; mais rien dans le Cyclope d'Euripide, la seule pièce de ce genre que nous ayons, ne fait allusion à cette conformation des acteurs; au contraire, on les fait fils de Silène[6], et non pas de Pan aux pieds fourchus. Quant au nom de *Satyre* qu'on donnoit à ces pièces, il ne prouve rien; car nous avons vu plus haut[7] qu'on donnoit ce nom à des silènes conformés comme nous les voyons ici.

(1) Nous verrons bientôt l'origine mythologique de la comédie et de la tragédie; nous allons retracer en peu de mots son origine historique. Tous les chants en l'honneur de Bacchus étoient improvisés par le vin et l'ivresse. ATHEN., lib. XIV, cap. 6. Archiloque se vantoit de savoir chanter le dithyrambe, lorsque sa raison étoit foudroyée par le vin. *Ibid.* Il paroit même que dans l'Attique l'improvisation étoit commune, puisque des chœurs d'hommes et d'enfants se délassoient des travaux du labourage et de la moisson en chantant des poésies improvisées, MAXIM. TYR., *serm.* xxi; et qu'on établit même des prix pour les improvisations de ces chœurs. *Schol.* ÆSCHIN., tom. III, pag. 721. Or Aristote nous apprend que la tragédie naquit immédiatement des chants improvisés dans les chœurs dithyrambiques, ARISTOT., *Poetic.*, cap. 4; et toute l'antiquité confirme son témoignage. Diogène de Laërce dit qu'avant Thespis, le chœur seul représentoit toute la tragédie. Lib. III, cap. 34, §. 56. Voyez BENTLEY, *Dissert. de Epist. phalarid.*, pag. 154; HERMANN, *Comm. in Poet.; ARISTOT.*, pag. 107. On commença d'abord à y introduire des centaures, des satyres, Ajax. ZENOB., *cent.* IV, *adag.* 40. C'est Arion qui eut le premier cette heureuse hardiesse. Les prêtres s'écrièrent que cela étoit beau, mais qu'il n'y avoit rien de Bacchus. PLUT., *Sympos.*, lib. I, quæst. 1. Mais Arion avoit fait faire un pas au drame. SUID., *in* Αριων; *in Prolegom.* ISAC. TZETZ. *ad Cassandr.* Bientôt Thespis rendit plus régulières ces pièces à un personnage. SUID., *in* Θεσπις. Æschyle en introduisit un second, et la tragédie fut formée. ARISTOTEL., *loc. citat.;* DIOG. LAERT., *loc. citat.* Il paroit que la comédie qui naquit après conserva plus long-temps ses improvisations.

(2) *Te (Bacchum) vidit insons Cerberus aureo*
Cornu decorum.
HORAT., lib. II, od. 19.

En effet, ce dieu avoit coutume de boire dans une corne de bœuf:

Και δεπας αγκυλον ειχε βοος κερας.
NONN., *Dionys.*, lib. XII, v. 201.

qu'il changea bientôt contre un rython d'or:

Λαιη μεν κερας ειχε βεβριομενον ηδεος οινου
Χρυσεον, ευποιητον.
Ibid., lib. XIV, v. 240.

(3) DIODOR., lib. III.

(4) Que Bacchus présidât aux divertissements scéniques, c'est une chose connue. ATHEN., lib. III, cap. 11; EVANTH., *in Prolog. ad Terent.;* HORAT., lib. II, ep. 2; LUCIAN., *Prom.*, vinct. VI. Voici l'origine qu'en donne Horace. Cette origine est toute mythologique:

Ignotum tragicæ genus invenisse Camœnæ
Dicitur, et plaustris vexisse poemata Thespis,
Quæ canerent agerentque peruncti fæcibus ore.
Post hunc, personæ pallæque repertor honestæ,
Æschylus, etc.
HORAT., *De Art. poetic.*, v. 275.

Plus haut, il dit positivement que les silènes parurent d'abord sur la scène:

Carmine qui tragico vilem certavit ob hircum
Mox agrestes satyros nudavit.
Ibid., v. 220.

(5) Voyez CASAUB., *De Poes. satyr.* Ordinairement la *trilogie* se terminoit par une de ces farces; ce qui la faisoit nommer alors *tétralogie.*

(6) Silène est un des personnages et ses enfants forment le chœur des satyres. D'ailleurs Pollux parle des masques de ces deux personnages. Lib. IV, cap. 19.

(7) Page 33, note 5. Tous les satyres ne sont donc pas comme ceux que décrit Horace:

Et aures
Capripedum satyrum acutas.
HORAT., lib. II, od. 19, v. 3.

27

DESCRIPTIONS DES VASES.

PLANCHE XXXVI.

Chez les anciens les cérémonies religieuses se terminoient quelquefois par un usage assez bizarre. Les personnes de tous les sexes s'entre-frappoient, soit avec le poing, soit avec des bâtons:

Και ου παλιν αυθις εβησαν
Πριν μεγαν η σεο βωμον υπο πληγησιν ελιξαι
Ρησσομενοι[1].

Cette coutume étoit empruntée des Egyptiens. A Thèbes, les dévots de Jupiter s'entre-fustigeoient ainsi le jour de la fête du dieu[2]. Il arrivoit la même chose à Busiris à la fête d'Isis[3]. Chez les Grecs, Athénée nous apprend que dans les danses en l'honneur de Bacchus, on s'entre-lançoit des piques[4] ou des bâtons.

La pl. XXXVI fait sans doute allusion à cet usage. Ces quatre personnages, dont deux sont hommes et deux sont femmes, qui lèvent le bâton ou le poing l'un sur l'autre, sont des initiés, comme le prouvent leurs couronnes de corymbes. La lyre que l'on voit au milieu d'eux indique assez souvent une procession religieuse.

PLANCHE XXXVII.

Les détails dans lesquels nous sommes entrés relativement aux centaures, aux planches XXV et XXVI[5], nous dispensent de nouvelles recherches. Nous nous contenterons de rapporter que dans le combat des Lapithes et des Centaures chanté par Ovide, Pélée est armé comme nous le voyons sur ce vase:

Excipit ille ictus galea, clypeoque sonantes,
Defensatque humeros, prætentaque sustinet arma[6].

Nestor vole à son secours, et lance une pique au front de l'ennemi que son ami combattoit[7]; c'est sans doute celle que nous remarquons au haut de notre peinture. La seule différence qu'il y ait entre l'épisode d'Ovide et celui de notre artiste, c'est que le poëte arme Pélée d'un glaive, et que le peintre lui donne un long javelot.

Le guerrier qui vient au secours de son compagnon d'armes est dans l'attitude si souvent répétée sur les vases: *Chlamyde Clypeat brachium[8].*

---

(1) CALLIM., *Hymn.* IV, v. 320. Ils se frappoient ainsi pour marquer leur douleur. Mais, disoit fort à propos Xénophanes aux Egyptiens, si vos dieux sont véritablement dieux, ne les pleurez pas; si ce sont des hommes, ne leur faites pas de sacrifices. PLUTAR., *De Superst.*, pag. 171. Athénagore tient à peu près le même langage. *Legat. pro Christ.*, §. 23.

(2) HÉROD., lib. II, §. 42.

(3) *Ibid.*, ibid., v. 61.

(4) ATHEN., lib. XIV, cap. 15. Nous verrons bientôt que dans les processions bacchiques les bacchantes frappoient les faunes avec leurs thyrses, ainsi que nous l'a appris Tacite.

(5) *Vide suprà*, pag. 32 et seq.

(6) OVID., *Metamorp.*, lib. XII, v. 375.

(7) *Ibid.*, v. 386.

(8) VARR., *De Ling. latin.*, lib. IV.

PLANCHE XXXVIII.

Une femme jouant de la lyre au milieu de deux hommes coiffés d'une espèce de bonnet phrygien et vétus d'amples manteaux, tel est le sujet de la
planche XXXVIII.

Il peut représenter une scène de comédie; car dans l'antique dessin qui orne
le manuscrit de Térence de la bibliothèque du Vatican, on voit un personnage
vétu comme les nôtres qui tient également une pioche. Il peut offrir aussi le
costume de quelques prêtres de divinités égyptiennes, dont le culte aura été
transporté chez les Hellènes. Cette espèce de barque que tient le prêtre que
l'on voit à gauche, pourroit être la lampe que l'on portoit à Corinthe aux processions d'Isis Pélasgienne[1]; elle avoit cette forme[2]. L'espèce de pioche que
porte celui qui est de l'autre côté, seroit alors la figure de la première charrue
dont les prêtres et les rois d'Égypte s'étoient fait un sceptre[3]. Les voyageurs
modernes[4] rapportent les images d'anciennes charrues qu'ils ont vues, et qui
n'ont pas cette forme. Mais toutes celles qu'ils retracent étoient traînées par
des bœufs ou des chevaux; et comme l'art de cultiver la terre a dû précéder
celui d'atteler ces animaux[5], il est évident qu'elles ne sont que secondaires; les
premières devoient avoir la forme d'une pioche, car cet instrument sert encore

---

(1) Le temple qu'elle avoit dans cette ville différoit
peu de celui d'Isis Égyptienne. Paus., *Cor.*, cap. 4. On
peut voir dans les *Métamorphoses* d'Apulée, lib. XI,
la description de la fête que les Corinthiens célébroient
en son honneur; mais ce n'étoit pas le seul pays de la
Grèce où Isis étoit adorée. Elle avoit une statue à Égire,
Paus., *Ach.*, cap. 29; un temple à Bœe, *ibid.*, *Lac.*,
cap. 22; un autre à Bure, *ib.*, *Ach.*, cap. 25. Elle en
avoit également à Philiunte, Paus., *Cor.*, cap. 15; à
Messène, *ib.*, *Mess.*, cap. 32; à Méthane, Paus., *Cor.*,
cap. 34; à Mégare, *ib.*, *Att.*, cap. 41; à Hermione, *ib.*,
Cor., cap. 34. Enfin elle avoit une chapelle fameuse à
cent dix stades de Tithorée en Phocide, où l'on célébroit une foire en son honneur. Paus., *Phoc.*, cap. 33.

(2) Apul., *Metamorph.*, lib. XI.

(3) Diod., lib. III, §. 3. Ils tenoient cet usage des
Éthiopiens.

(4) *Voyage de Norden en Égypte*, pl. XLIV; *Description de l'Arabie*, par Niebuhr, pl. XV, fig. C.

(5) Pline nous apprend que, dans les premiers temps
en Égypte, on se bornoit à faire remuer le limon hu-
mide par des pourceaux avant qu'on attelât des bœufs
à des charrues. Plin., lib. XVIII, cap. 47. On peut supposer qu'avant que le bœuf devint l'emblème du labourage, comme le dit Hor., Apoll., lib. II, cap. 17, il y
eut entre cette culture perfectionnée et celle des pourceaux une culture moins parfaite.

de bêche en Egypte[1]; et l'objet que nous cherchons à deviner sur notre vase ressemble assez à une double pioche.

Enfin, les bonnets phrygiens se voyoient dans les processions d'Isis à Corinthe[2] et dans les fêtes de Bacchus, dont le culte étoit venu également d'Egypte.

PLANCHE XXXIX.

Une Victoire, vêtue majestueusement et ayant des ailes[3], se dispose à faire une couronne de deux branches[4] d'olivier[5] pour en ceindre la tête d'un jeune athlète vainqueur à Olympie; celui-ci est déja couronné de la bandelette des jeux isthméens[6], et tient à la main des branches de même arbre que celles dont on va le couronner. On distingue encore sur sa tête quelques feuilles de laurier[7] dont on couronnoit les vainqueurs aux jeux pythiques. Sans doute cet athlète a remporté le prix à ces trois endroits[8]. Derrière lui, on en voit un autre un strigil[9] à la main. Ce sujet est souvent répété sur les vases de bien des manières différentes; nous en avons déjà vu un dans cette collection.

Ce vase a été trouvé à Nola.

PLANCHE XL.

On trouve ce sujet quatre fois dans la Collection des vases de M. Hamilton[10] et trois fois dans la nôtre[11]. Partout on voit un jeune homme assis sur

---

(1) Voyez Niebuhr, *loc. citat.* En effet, Diodore dit qu'on labouroit la terre en Egypte avec des charrues légères : Κουφοις αροτροις. Lib. I, cap. 87 et 88.

(2) Apul., *loc. citat.*

(3) *Vid. supr.*, p. 29, note 8.

(4) Ainsi le palmier dont on donnoit une branche dans presque tous les jeux, Plut., *Sympos.*, lib. VIII, quæst. 4; Aulu-Gell., *Noct. attic.*, lib. III, cap. 6, étoit également donné en couronne, comme Thésée le pratiqua à Délos. Plutarq., *loc. cit.*; Pausan., *Arcad.*, cap. 48. Cette peinture peut nous donner une idée de la manière dont cette cérémonie se pratiquoit.

(5) C'est du moins la feuille que nous croyons distinguer. Cet athlète seroit alors vainqueur aux jeux Olympiques; car on y distribuoit des couronnes d'olivier sauvage, l'Aus., *Elid.*, lib. I, cap. 7 et 15, et non pas de laurier comme le dit par erreur saint Chrysostôme, *Homél.* 42. Dans la suite, il paroît qu'on changea la matière des couronnes. Du temps de Pindare elles devoient être d'or ; car ce poëte les appelle *Olympie :* Μητερα χρυσοστεφανον αεθλων. *Olymp.* VIII, *stroph.* 1. C'est ce que nous apprennent encore Thucydide, et Cornélius Népos, *in Alcibiad.*

(6) C'étoit ordinairement le prix des jeux Isthmiens à Corinthe. Pausan., lib. III, cap. 15; lib. V, cap. 24.

Puniceis ibant evincti tempora tæneis.

Virg., Æneid., lib. V, v. 216.

Au reste, *vid. suprà*, pag. 5 et 6, les couronnes de ces jeux étoient faites de pin, ensuite d'ache, que l'on quitta pour revenir aux premières. Plutarq., *Vit. Timoleon.*

(7) Aux jeux Pythiques on donnoit une couronne de laurier. Ovide cependant prétend que dans l'origine on y couronna de chêne :

Hic juvenum quicumque manu pedibusve rotave,
Vicerat, esculeæ capiebat frondis honorem
Nondum laurus erat.

Ovid., Metamph., lib. IV, v. 265.

(8) Ces trois jeux avec les jeux Néméens formoient les quatre grands jeux de la Grèce qu'on nommoit *Iselastiques:* Εισελαστικοι-αγωντς. Plin., lib. X, epist. 119 et 120. Ils donnoient le droit aux vainqueurs de rentrer en triomphe dans leur patrie lorsqu'ils y retournoient. Diod., lib. XIII; Vitruv., lib. IX, *Præs. init.*

(9) C'étoit un instrument qui servoit à enlever la poussière et la sueur de la peau des athlètes.

(10) Tischb., tom. I, pl. VII et XI; tom. IV, pl. II et X.

(11) *Vid. sup.*, pl. XXXIII, et *inf.*, pl. LXIII.

un char ailé; devant et derrière lui se trouvent des femmes[1], tantôt avec des flambeaux ou des épis, tantôt avec des vases, et toujours dans l'attitude de celles de la planche XL. Ce vase présente une particularité qui ne se trouve pas dans les autres; c'est que le char est attelé de deux serpents. Cette particularité détermine le sujet de ces peintures; ce ne sera plus Apollon qui fait des libations[2], ce sera Triptoléme[3] qui va remplir l'importante mission dont l'a chargé Cérès. Il la quitte et fait des libations, moins peut-être pour suivre un vain usage que pour indiquer que l'agriculture en réunissant les hommes a fondé les lois dont la religion a été le premier garant et défenseur.

Le sujet de ces peintures se rattache donc à ceux de ces vases fameux que Visconti[4] et Hancarville[5] ont publiés, et qui représentent avec détails le même trait mythologique.

Mais pourquoi les peintures qui paroissent tirées de la même source que celle de la pl. XL, n'offrent-elles pas comme celle-ci le symbole de Cérès, les dragons traînant le char de son favori? Pour répondre à cette question, il faut se rappeler que, dans l'origine, le culte de Cérès étoit séparé de celui de Bacchus[6]; mais que dans la suite ces deux cultes avec leurs mystères furent réunis, et l'on vit Iacchus parèdre de Cérès. Or le serpent étoit particulièrement l'attribut de Bacchus Zagrée[7], autrement l'Iacchus d'Eleusis: c'est d'un serpent qu'il naquit; d'ailleurs, le serpent étoit un des objets que l'on vénéroit dans

---

(1) Sur la planche VIII de Tischbein, on voit pourtant un Mercure au lieu de la femme de derrière. Mercure comme le dieu de l'éloquence étoit souvent celui des lois. Il se trouve bien en compagnie de Cérès Thesmophore. Voy. ci-après pag. 66 avec les notes 1, 2, 3 et 4.

(2) C'est l'opinion d'Italinski qui l'a appuyée de nombreuses recherches.

(3) . . . *Sanctasque faces extollit Eleusis*
Angues Triptolemi stridunt.

Claud., De rapt. Proserp. circ. init.

En effet, les serpents, ces enfants de la terre, étoient considérés comme les serviteurs de Cérès. Apul., *Met.*, lib. IV. Elle en étoit quelquefois entourée: *Cares facibus accensis et serpente circumdata.* Minut. Fel. Elle en avoit toujours deux attelés à son char. Nonn., *Dionys.*, lib. IV; Ovid., *Metamorph.*, lib. V, v. 561. Ils étoient pour l'ordinaire ailés. Ovid., *Fast.*, lib. IV, v. 561. Mais souvent ces ailes étoient attachées à son char, comme sur toutes les peintures que nous avons citées, et les deux que nous citerons bientôt.

Les autres emblèmes que nous avons observés ne sont pas moins les attributs de Cérès: d'abord les flambeaux, c'étoient ceux qu'elle alluma lorsqu'elle cherchoit sa fille, elle en alluma deux. Dans la planche LXIII de cette collection, et une de celle de Tischbein, tom. IV, pl. X, la suivante de Cérès en porte deux. Ce sont ces

flambeaux qu'on introduisait dans les fêtes d'Eleusis. Fulgent., *Mytholog.*, lib. I.

Non colere donis templa votivis libet;
Non inter aras Atthidum mistam choris
Jactare tacitis conscias sacris faces.

Senec., Hippolyt., v. 106.

Cérès est représentée souvent des épis à la main comme sur plusieurs de ces peintures. Tibull., lib. I, eleg. 1, v. 4; Ovid., *Fast.*, lib. 4, v. 613. Cet attribut même la fit confondre avec la Vierge céleste. Manil., *Astron.*, lib. II, v. 432; lib. V, v. 271 et seq.; Eratost., *Cat.*, cap. 9.

(4) Visconti a fait une dissertation particulière sur ce vase; on en peut voir un extrait dans Millin, *Peint. de vases antiq.*, tom. II, pl. XXXI.

(5) Hancarvil., tom. II, pl. CVI, CXXIX; tom. III, pl. CX, CXXVIII. Dempster l'avoit déja publié, tom. I, pl. XLVII.

(6) Pour s'en convaincre il n'y a qu'à jeter un coup d'œil sur l'histoire du culte de ces deux divinités, soit qu'on les attribue tous les deux à Orphée, Theod., *Therap.*, sem. 1 *de fidelib.*; soit qu'on leur donne une source différente.

(7) Ο Ιακχος εν μαστω. Suid. *in h. voc.* Il étoit l'assesseur de Cérès, Pind., *Isthm.*, od. VII, v. 3; le génie et conducteur de ses mystères, Strab., *Geogr.*, lib. X. Cet Iacchus étoit le même que le Bacchus Thébain, comme

le ciste mystique[1], que l'on portoit dans les fêtes de Bacchus: les bacchantes même étoient coiffées de serpents[2]. En comparant ce fait à ces peintures qui éloignent les serpents de l'origine du culte de Cérès, n'est-il pas probable qu'ils n'y furent admis que lorsque cette déesse unit ses mystères avec ceux de Bacchus, et ne fit qu'une même divinité avec lui?

PLANCHE XLI.

Les inscriptions que l'on lit sur ce vase, au lieu de jeter du jour sur le sujet qu'il représente ne font que l'obscurcir: ΠΟΣΕΙΔΟΝ. Neptune que l'on reconnoît à sa longue chevelure[3] et à son terrible trident[4], vêtu d'une large tunique[5] et d'un manteau, Χλαινα, combat un guerrier armé de pied en cap : tel étoit représenté le titan ou plutôt le géant[6] Anytus dans le temple des grandes déesses à quatre stades d'Acacesium[7]. On pourroit donc conjecturer avec certitude que ce guerrier, ennemi de Neptune, est le géant Polybotes[8] que ce dieu terrassa, lorsque ces hommes impies se révoltèrent contre les dieux; car, dans l'origine de cette fable, les géants étoient de race mortelle[9].

le prouve incontestablement ce passage de Sophocle:

Πολυωνυμι Κυδμιας

Νυμφας αγαλμα, και Διος βαρυϐρεμετανενος

Κλυταν ος αμφεϐεις

Ιταλιαν, μεδεις δε παγ-

κανοις Ελευσινιας

Δηος εν κολποις.

Βακχυ κ. τ. λ.

SOPHOCL., *Antig.*, v. 1108 et seq.

Virgile, au commencement de ses *Géorgiques,* adresse une invocation commune à Bacchus et à Cérès; et Servius remarque que, s'il a fait ce rapprochement, c'est parceque leurs temples étoient communs, et que leurs fêtes se célébroient en même temps : *Simul Cererem et Liberum posuit quia eis templa simul posita sunt et ludi simul eduntur.* Enfin, Meursius rapporte cette inscription : *Sacratæ apud Eleusinam deo Baccho Cereri et Coræ.*

Les attributs de ces deux divinités étoient bien différents, puisque Iacchus est âgé de trois ans, ORPH., *Hymn. in Dionys.,* et qu'on lui donne le nom de Κουρος, qui se donnoit à toutes les divinités enfants. APOLLON., *Argon.,* lib. I, v. 508; lib. II, v. 709; lib. III, v. 118. Cependant Bacchus étoit quelquefois représenté sous la forme d'un enfant. MACROB., *Saturn.,* lib. I, cap. 8.

(1) CLEM. ALEXAND., *Protr.* On en voit sur les vases, PASSER., tom. II, pl. CLXXXVIII, où l'on distingue un petit serpent qu'on trouve aussi sur un bas-relief représentant le départ de Triptolème; il est entre Cérès et Bacchus. *Acad. inscript. et bell. lettr.,* tom. V.

(2) CLEM. ALEX., *ad. Gent.,* lib. II.

Pars e divolso jactabant membra juvenco
Pars sese tortis serpentibus incingebant.

CATULL., *De nupt. Pel. et Thetid.,* LXII, v. 255.

On voit sur un vase publié par PASSERI, tom. II, pl. CLXXIII, un homme nu qui tient une petite vipère à la main.

(3) Ce dieu étoit célèbre par sa chevelure. Les poëtes le nomment assez souvent Κυανοχαιτης. HESIOD., *Theog.,* v. 278; ORPH., *Hymn. in Neptun.,* v. 1.

(4) *Vid. sup.,* page 37, note 2. Les uns disent qu'il lui fut donné par les Telchines. EUSTATH., *ad. Iliad.,* tom. I, pag. 771. D'autres disent que ce furent les Cyclopes qui lui donnèrent son casque et son trident. APOLLOD., lib. I, cap. 2, §. 1.

(5) Χιτων ποδηρος : c'étoit un des plus anciens vêtements de la Grèce. Thésée en étoit couvert dans sa jeunesse. PAUS., *Att.,* cap. 17. Les Athéniens et les autres peuples de l'Ionie n'en portèrent pas d'autres jusqu'à Périclès, ce qui leur fit donner l'épithète ελκεχιτωνες. HOM., *Iliad.,* lib. XIII, v. 685; *cum* EUSTAST., *Comment.*

(6) En effet, dans les généalogies des dieux, on ne trouve pas de Titan qui porte ce nom. Voyez APOLLOD., lib. I, cap. 1; HYGIN., *præf. fabul.;* ORPH., *ap. Procl. in Tim.,* p. 295; HESIOD., *Theog.*

(7) PAUSAN., *Arcad.,* cap. 36.

(8) APOLLODOR., lib. I, cap. 6. Il le poursuivit jusque dans l'île de Côs; et l'ayant atteint, il lança contre lui, au lieu de dard, une partie de cette île, d'où naquit celle qu'on nomma *Nisyros. Ib.,* PAUS., *Att.,* cap. 2; STRAB., lib. X, pag. 489.

(9) PAUS., *Arcad.,* cap. 19. Il appuie son sentiment sur ces deux vers d'Homère:

Ος ποθ' υπερθυμοισι γιγαντεσσιν βασιλευε.

Αλλ 'ο μεν ωλεσε λαον ατασθαλον, ωλετο δ' αυτος.

Odys., lib. VII, v. 59.

Voyez encore *ibid.,* v. 206, lib. X, v. 120; HESIOD., *Theogon.,* v. 50.

Mais l'inscription donne un autre nom à ce géant; c'est Ephialtes, ΕΦΙΛΛΤΕΣ. Or cet Ephialtes étoit un des Aloïdes, un des fils [1], ou du moins un des petits-fils de Neptune: *Neptuni filiæ filii* [2]. D'ailleurs les Aloïdes mirent Mars dans une prison d'airain, et l'y auroient fait périr sans la belle Eibée leur marâtre, parcequ'il avoit tué Halirrhothius, le fils chéri de Neptune [3]. Si ce dieu avoit combattu un homme qui, aux liens du sang, joignoit celui des bienfaits, ce parricide eût été fameux dans les annales mythologiques qui n'en parlent pas: ce n'est donc pas l'Ephialtes, fils de Neptune, que retrace cette peinture. En effet, on sait que ce ne fut pas de la main de cette divinité qu'il périt [4].

Dirons-nous, comme le fait quelquefois Pausanias, que l'artiste a attribué à Ephialtes ce qui appartient à un autre? Non, parceque le sujet de ce vase est trop important pour supposer une pareille inattention. On trouve Neptune brandissant son trident sur différentes médailles [5]; comme sur notre vase il s'avance prêt à combattre un lion acharné.

Un savant distingué dans l'Allemagne nous a écrit une lettre à ce sujet. Il a senti toute l'importance de ce monument; et cherchant à prévenir les objections que nous avons faites plus haut, il a cru devoir créer un second Ephialtes également géant, mais fils de la Terre, γηγενής (il auroit pu même se dispenser de donner au descendant d'Aloes un autre lui-même, car il y a des auteurs qui le font fils de la Terre [6]). Partant de cette donnée, cet auteur pense que Neptune signifie les colonies grecques qui sont venues d'au-delà des mers s'établir sur ces côtes, chassant et détruisant les habitants après des combats vraiment exterminateurs; selon lui, Ephialtes représenteroit ces malheureux indigènes [7]. Le cheval de son bouclier n'indiqueroit pas alors un descen-

---

Les géants étoient représentés dans les derniers temps avec des serpents au lieu de jambes. Paus., *Arc.*, cap. 19.

Mille manus ille dedit et pro cruribus angues.
Ovid., *Fast.*, lib. V, v. 37.

Femorum qua fine volutus
Duplex semiferis connectitur ilibus anguis.
Claudias., *Gigantomach.*, v. 88.

On les voit ainsi figurés sur différents monuments. Viscont., *Mus. Pio Clement.*, tom. IV, pl. X; Winckel., *Monum. inéd.*, p. 11; Mill., *Galer. mytholog.*, nᵒˢ 128, 144; Eckhel., *Num. aneod.*, tab. XIII.

Mais dans les premiers temps ils n'étoient pas représentés ainsi. On voit dans Tischbein le géant Alcynoeus tué par Hercule; il n'a pas la forme que nous venons de rapporter. Tisch., tom. II, pl. XX.

(1) Hygin., fab. 28: *Alii autem autores dicunt Neptuni et Hiphimedes filios fuisse atrotos.*

(2) *Othos et Ephialtes Aloi et Hiphimedes Neptuni filiæ filii, mira magnitudine dicuntur fuisse. Hi singulis* mensibus novem *digitis crescebant.* Hygin., *loc. mod. citat.* Pausanias les fait aussi petits-fils de Neptune.

(3) Homer., *Iliad.*, lib. II, v. 782; lib. X, v. 385; *Odyss.*, lib. I, v. 304-19.

(4) Ayant voulu escalader le ciel, ils furent renversés par Apollon sur les montagnes qu'ils avoient entassées. D'autres disoient qu'ayant vu violer Diane, Apollon envoya au milieu d'eux une biche, et qu'ayant voulu la tuer ils s'entre-percèrent de leurs dards. Ils étoient punis dans les enfers d'une peine singulière. *Ad columnam, aversi alter ab altero serpentibus sunt deligati; est Styx inter columnam sedens ad quam sunt alligati.* Hyg., fab. 28.

(5) Comme sur les médailles de Posidonia, de Bruttius, toutes de la plus ancienne date, et sur beaucoup de médailles nommées *nummi incusi.*

(6) Hyg., *Præf. ad fabul.*; Schol. Apollon., *Rhod.*, lib. I, v. 482.

(7) On reconnoit le système favori de M. Bœttiger;

dant de Neptune, mais un cavalier, un homme de marque, un Eupatride.

Quoique cette explication soit vraiment séduisante, on peut lui faire quelques objections. En effet, si ce sujet représente un épisode de la gigantomachie, c'est Polybotes et non Éphialtes qui représentera les indigènes contre Neptune; si Éphialtes est un des Aloïdes, Neptune ne peut le combattre comme nous l'avons dit plus haut.

Nous hasarderons donc une nouvelle explication. Éphialtes n'étoit pas seulement le nom d'un géant, c'étoit le surnom de Faune ou de Pan[1]. Ne seroit-ce pas cette divinité qui est représentée sur notre vase? Mais comment le paisible dieu des troupeaux peut-il être retracé combattant contre Neptune? Ceci ne doit pas étonner. Pan et Neptune devoient être deux ennemis irréconciliables, parcequ'ils étoient rivaux. Si ce dernier étoit le dieu de la mer, Pan n'étoit pas sans prétention sur le même empire. Sophocle l'appelle Ἀλιπλαγκτε, *qui erre sur les mers*[2]; et Théocrite lui donne le surnom de Ακτιος, *protecteur des rivages:* c'étoit le dieu des gens de mer et sur-tout des pêcheurs[3]. Aussi Nonnus le fait-il danser de pied ferme sur les ondes[4] comme sur un élément qui lui appartient; aussi est-ce à combattre le dieu des mers, Neptune lui-même, que le destine Bacchus, lorsqu'il dispute au frère de Jupiter la belle Beroë[5]:

Les titres belliqueux de ce dieu sont donc bien établis : *Sunt qui dicant hunc Panem alii bellicosum deum*[6]. Il nous reste à établir pourquoi il n'est pas peint avec les attributs qu'on lui connoît, les jambes de chèvre[7], la houlette et la flûte.

---

c'est à ce savant en effet que nous sommes redevable de cette lettre.

[1] *Inuus autem latine appellatur græce,* Παν: *item,* Ἐφιαλτης, *græce, latine Incubo. Idem Faunus, idem Fatuus, Futuellus. Dicitur Inuus ab ineundo passim cum omnibus animalibus et Incubo dicitur.* SERV. *ad Virgil. Æneid.,* lib. VI, v. 776.

Ce passage isolé de Servius ne seroit pas une autorité assez respectable pour appuyer notre explication, si des auteurs anciens ne donnoient du poids à son opinion. Il paroît d'après Suidas et Hésychius, *in v.* Ἐφιαλτης, qu'Éphialtes étoit l'*Incubus* des Latins. Macrobe le dit également. MACROB., *Somn. Scipion.,* lib. I, cap. 3. Voyez encore SCRIBON., *Larg. compos.,* 100; SIDON., *ad Præf. carmin.,* VII, v. 27.

Or cet *incubus* ou *incubo* étoit un mal subit, quelquefois le cochemar. Il devint pour cette raison un des surnoms des Faunes et des Pans, parcequ'ils attaquoient toutes les femmes à l'improviste. *Div.* AUGUSTIN., *de civit. Dei,* lib. XV, cap. 23; *Div.* HIERONYM., *Vit. Sanct. Hilar.* Si donc Éphialtes est le même qu'*Incubo,* il seroit le même que Pan dont *Incubo* est le surnom. Le passage de Servius ainsi écarté peut prouver qu'on avoit divinisé Éphialtes comme on avoit divinisé *Inuus* ou *Incubo.*

On peut encore démontrer par l'étymologie qu'Éphialtes doit être le même que Pan: ce mot signifie un *mal subit,* de επι et αλλομαι, *sauter dessus.* Or tout le monde sait que les terreurs subites venoient de Pan, ce qui les fit appeler *paniques.* PHORNUT., *De natur. deor. in Pan.;* PAUSAN., *Phocid.,* cap. 23.

[2] SOPHOCL., *Aja.,* v. 695. Orphée lui donne aussi l'empire des mers dans ses attributs:

Σοι γαρ απειρεσιον γαιης πεδον εσϕηρικται,
Εκει δ' ακιμ̆ατου ποντου το βαθυσπορον υδαρ,
Ωκεανος τε περιξ εν υδασι γαιαν ελισσων.
ORPH., *Hymn. in Pan.,* v. 13.

[3] BRUNCK., *Anaclet.,* tom. II, pag. 263; tom. III, pag. 43; *Antholog.,* pag. 470.

Et me Pana tibi comitem de rupe vocato
Sive petas calamo præmia sive cane.

[4] Παν κεροεις αβατοισιν εν υδασι κουϕος οδιτης
Αβροχος αιγιησιν ανακρουων αλα κηλαις,
Αδιατος εσκιρτησε καλαυροπι ποντον αρασσων,
Πηκτιδι συριζων πολεμου μελος.
NONN., *Dionys.,* lib. LXIII.

[5] NONN., *Dionys.,* lib. XLIII.

[6] SERV. *ad Virgil., Æneid.,* lib. VIII, v. 343.

[7] PHORNUT., *De nat: deor. in Pan.*

Observons d'abord que les armes des guerriers ne lui sont pas étrangères. Nonnus l'arme d'une égide[1] et d'une lance[2]; ensuite la position de la figure que le peintre a nommée *Ephialtes*, prouve encore que ce nom n'est que le surnom de Pan, comme on peut le voir dans le passage de Servius que nous avons cité plus haut[3], et comme il résulte de Nonnus qui fait combattre ce dieu avec ses pieds[4]. Si ses pieds ne sont pas de chèvre, c'est que cette tradition est moderne; la plus ancienne nous représente Pan comme le cocher céleste, puisque cette constellation en a tous les attributs[5]. Or le cocher céleste n'étoit pas représenté avec de semblables pieds. C'est cet attribut de Pan qui servira à expliquer le cheval, emblème de son bouclier. On l'y a peint, non parceque celui qui le porte étoit fils de celui qu'il combat ni parcequ'il est Eupatrides, mais parcequ'il est le cocher céleste[6].

Qu'on ne s'étonne pas de nous voir parler d'astronomie à propos de cette peinture : l'artiste lui-même nous a indiqué la source où nous devions chercher notre explication. En effet, Neptune est armé d'une espèce de bouclier formé d'un nuage[7], où l'on distingue plusieurs signes du zodiaque, ou constellations : c'est le capricorne, le cancer, le dauphin, le serpent; enfin on y remarque un papillon et une espèce de vers de terre. Toutes ces figures sont relatives à l'opinion des Grecs sur les astres. Il y en avoit qu'on faisoit fils de Jupiter, d'autres fils de Neptune; c'étoient ceux qui influoient sur les eaux[8], comme le cancer, le capricorne, etc. On donnoit aussi des ailes aux astres[9]; opinion à laquelle fait allusion le papillon que nous voyons sur ce bouclier[10].

Ce même sujet se voit sur le vase n° 12 de la planche XLIII: il est plus en petit. Neptune n'a pas sa longue tunique, son bouclier n'offre plus les astres

---

(1) Αιγιδος ομετιρης επεδυεται αιγιδοτος Παν.

Nonn., *Dionys.*, lib. XVII.

(2) Nonn., *ib.*, lib. XVII. Il lui donne une barbe qui lui couvre la poitrine. *Id.*, lib. XIV.

(3) Puisque c'est le même qu'*incubo*, ce mot rappelle à-peu-près la posture de notre Ephialtes.

(4) Αιγειοις δε ποδεσσιν εμαρνατο μειλιχος Παν.

Nonn., *Dionys.*, lib. XXIX.

Sur le vase n° 12 de la planche suivante qui représente le même sujet, ce mouvement est mieux senti.

(5) *Cujus in humero sinistro capra, in manibus duo hædi stellis formati dicuntur.* Hygin., *Astron. poetic.*, lib. III. *Evemerus ait Ægam quandam fuisse Panos uxorem eam compressam à Jove peperisse quem viri sui Panos diceret filium.* Hygin., lib. II, *in Henioch.* Le cocher tenoit la chèvre entre ses bras; c'est donc Pan qui doit être le cocher. Au surplus, voyez Nonn., *Dionys.*, lib. XXVI, v. 303.

(6) Cette explication pourroit servir à indiquer quelle est l'allégorie cachée sous cette fable; mais comme nous devons expliquer les sujets que représentent nos peintures, et non expliquer les traits mythologiques, nous ne nous livrerons pas à cette nouvelle dissertation.

(7) M. Milligen qui a publié une dissertation sur ce vase n'a vu dans cette masse qu'un rocher. Le dauphin, dit-il, le polype, le crustacée, etc., sont des productions marines et l'emblème de Neptune; la chèvre, le scorpion et le serpent, sont supposés appartenir encore au rocher qu'il vient d'enlever. *Ant. ined. monum.*, pag. 19.

Mais d'abord la forme vaporeuse de cet objet n'indique pas une île; ensuite la manière dont Neptune le soutient indique plutôt un bouclier. Qu'y a-t-il d'étonnant que le frère du dieu, Νεφεληγερέτης, se fasse un bouclier de nuage? Comme Jupiter, il les assembloit et les dissipoit. Homer., *Odyss.*, lib. X, v. 291.

(8) Theon., pag. 182.

(9) Maxill., *Astron.*, v. 138 et seq.

(10) Ce vase a été trouvé en Sicile.

que nous y avons remarqués; du reste les deux figures sont dans la même attitude. Quoique sur ce dernier vase les personnages se détachent en noir sur un fond rouge, ce qui est toujours le signe d'une haute antiquité, il pourroit se faire qu'il fût plus moderne que l'autre; d'abord il n'a pas d'inscription, ensuite Neptune n'a plus son ποδήρης, un des plus anciens vêtements de la Grèce.

PLANCHES XLII, XLIII, XLIV, XLV.

Nous parlerons ailleurs de toutes ces formes de vases. Leurs sujets sont retracés à la planche XLV.

Le vase n° 14 offre une figure élégante; c'est celle d'une bacchante que l'on reconnoit à son thyrse et à son flambeau; elle n'a ni les cheveux épars ni l'air égaré; quelquefois elles étoient dans le calme du recueillement, et leur chevelure étoit artistement arrangée[1].

Le vase n° 15 retrace une initiée une patère à la main; elle est assise sur des rochers: peut-être se prépare-t-elle à célébrer les Thesmophories: les ornements dont elle est entourée figureroient alors les plantes froides sur lesquelles elles devoient coucher pour mieux se préparer à garder quelques jours de continence[2].

Le sujet de la planche n° 16 est composé de deux femmes: l'une donne à l'autre une bandelette ou une ceinture. Comme aucun accessoire n'indique ce qu'elles sont, nous ne pouvons hasarder aucune conjecture.

Les autres vases n'offrent que des ornements ou des têtes; nous verrons plus bas ce que ces dernières peuvent signifier.

PLANCHES XLVI, XLVII.

Le sujet du vase n° 18 représente un guerrier qui attache ses *cnémides* pour marcher au combat; celui du vase n° 17 est aussi neuf qu'intéressant. Il est retracé en entier à la planche XLVII.

Quatre femmes semblent danser entre elles; des génies de grandeur différente les accompagnent; des balles[3] rebondissent sous leurs mains ou s'élan-

---

[1] *Pars aderat comptis arte manuque comis.*
Ovid., *Fast.*, lib. I.

[2] Elles se servoient à ce sujet du cnéorum ou chamelée. Hesych., *in Voc.*, κνεορον; de l'agnus castus, de la corysa, enfin de la cniza ou de sariette sauvage. *Schol.* Nicand., *ther. ad* v. 130; *Schol.* Theocrit., idyll. IV, ad v. 25; Plutarq., *De Is. et Osir.*

[3] La vignette n° 13, tirée de l'*Introduction à l'Étude des vases*, par M. Dubois-Maisonneuve, prouve que des balles se trouvent figurées sur les vases. En effet, on voit un Amour qui en fait rebondir une, et l'on lit sur une colonne : βαλλ̃ μοι τὰν σφαιραν, qu'on peut traduire ισαυ μοι την σφαιραν, *ils me jettent la balle.* Or deux femmes de notre peinture jouent comme lui à l'ἀπορραξις. Poll., lib. IX. Dans la vignette n° 14, nous voyons encore une femme qui va recevoir une balle semblable à celle du vase publié par M. Dubois: un de nos personnages va aussi en recevoir une. Il est vrai que nos balles sont différentes de celles de ces deux vases; mais les mouvements des personnages étant les mêmes, on ne peut refuser à ces objets une espèce d'identité. Ainsi se trouvent expliquées toutes ces figures circulaires que l'on remarque sur les

cent dans les airs; enfin des oiseaux sur des branches, un tambour de basque ou un van mystique, la couronne des sacrifices, décorent le fond de ce tableau.

Le jeu de balle étoit connu dans l'antiquité la plus reculée sous le nom générique de *sphéristique*[1]. Quel qu'en soit l'inventeur[2], nous voyons que du temps d'Homère cet exercice étoit fort à la mode. C'est à la balle que joue Nausicaa avec ses compagnes après avoir pris un repas champêtre[3]. Cet exercice étoit déja parvenu à un tel point de perfection qu'il le mêloit aux danses, et nos plus habiles artistes n'exécuteroient pas celle dont Ulysse fut témoin chez les Phéaciens; deux danseurs se jetoient une balle en tous sens et la rattrapoient en cadence:

Αλκινοος δ' Αλιον και Λαοδαμαντα κελευσεν
Μουναξ ὀρχησασθαι, ειξει σφισιν ουτις εριζεν.
Οι δ' ειξει ουν σφαιραν καλην μετα χερσιν ελοντο
Πορφυρεην, την σφιν Πολυβος ποιιξε δαιφρων,
Την ετερος ριπτασκε ποτι νεφεα σκιοεντα
Ιδνωθεις οπισω· οδ' απο χθονος υψοσ' αερθεις
Ρηιδιως μεθελεσκε, παρος ποσιν ουδας ικεσθαι.
Αυταρ επειδη σφαιρη αν' ιθυν πειρησαντο
Ωρχεισθην δη ηπειτα ποτι χθονι πουλυβοτειρη
Ταρφε' αμειβομενω[4].

Il paroît même que dans la suite on établit des prix pour cet exercice qui devint un jeu public, et qui se célébroit même dans les temps des mystères. On voit des médailles grecques où des athlètes s'exercent à la balle au-devant d'une table qui soutient deux vases. De l'un sortent trois palmes, et de l'autre cette inscription: ΠΥΘΙΑ ΑΚΤΙΑ[5].

Les danses étoient une partie essentiellement intégrante des cérémonies religieuses; elles devoient même appartenir aux mystères, puisque les révéler se nommoit εξορχεισθαι, *danser hors de cadence*[6]. Il paroît que la danse de notre

vases, et dont on a donné tant d'explications absurdes et contradictoires. Tischn., tom. II, pl. LXI, LXII; Mill., *Peint. de vas. antiq.*, tom. I, pl. XX; tom. II, pl. VIII. Ce sont des balles qu'on y voit figurées.

(1) La sphéristique étoit tellement du goût des Grecs, qu'il y avoit dans les gymnases des lieux réservés à cet exercice qu'on nommoit *sphæristeria*: il y avoit des maîtres destinés à l'enseigner qu'on nommoit *sphæristici*. Galen., *De Tuend. valetud.*, lib. II, cap. 12. A Sparte, les éphèbes ou les jeunes gens qui approchoient de la virilité se nommoient σφαιρεις, *joueurs de balle*. Paus., *Lac.*, cap. 14.

(2) Pline en attribue l'invention à Pithus ou Picus, dont il ne dit ni le siècle ni le pays. Plin., lib. VII, cap. 56.

Agallis ou Anagallis prétend qu'on la doit à Nausicaa, sa compatriote, fille du roi Alcinoüs. Athen., lib. I, p. 14. Dicearque en fait honneur à ceux de Sicyone; Hippasus à ceux de Lacédémone, *Ibid.*, et Hérodote aux Lydiens. Herod., lib. I, p. 40.

(3) Homer., *Odyss.*, lib. VI, v. 96 et seq.

Sophocle avoit fait une pièce intitulée Πλυντριαι, où il introduisoit Nausicaa jouant à la balle avec ses compagnes.

(4) Homer., *Odyss.*, lib. VIII, v. 370.

(5) Mercurial., *De Art. gymn.*, lib. II, cap. 5. On éleva même des statues à de fameux joueurs de balles. Athen., lib. I, cap. 15; Eustath., *ad Odyss.*, lib. VIII.

(6) Lucian., *De Saltat.*

peinture doit avoir rapport aux mystères des Curètes, où l'on célébroit la naissance de Jupiter[1], comme l'indique les deux oiseaux qu'on y remarque, qui peuvent être deux colombes[2]. La balle d'or que Junon et Minerve font promettre à l'Amour par l'entremise de Vénus, étoit celle que la nymphe Amalthée avoit fait faire pour le jeune Jupiter[3]. Le van mystique lui appartenoit également. Cette peinture peut avoir aussi rapport aux danses qu'on célébroit en l'honneur de Bacchus[4], comme l'indiqueroit le van des mystères[5]. Si la fable de Psyché étoit plus ancienne, on pourroit en reconnoître quelques traces dans cette peinture[6]. Ce seroit alors une danse à pantomime dont nous aurons bientôt occasion de parler. Ces deux dernières conjectures nous semblent moins probables que la première.

PLANCHE XLVIII.

Quoique ces deux vases soient numérotés différemment, ils représentent les deux côtés d'un seul vase. Sur le premier on voit une Minerve assise sur un autel; derrière elle est une femme qui soutient une espèce de petit coffre[7], symbole de sa piété; de l'autre côté une autre femme lui présente le ciste ou l'accerra. Minerve elle-même tient entre les mains un attribut des mystères; on en voit

(1) En effet, les mystères des Curètes en Crète se célébroient près de l'antre où l'on croyoit que Jupiter avoit été élevé. Porph., *Vit. Pythag.* Les dés, la balle, la roue, la paume, le sabot et le miroir, en étoient les symboles. Clem. Alex., *Protrept.*; Arnob., *Adv. gent.*, lib. V.

(2) Une tradition rapporte que le jeune dieu étant élevé en Crète un aigle lui apportoit du nectar à l'insu des immortels, et que deux colombes lui apportoient de l'ambroisie. Jupiter plaça l'aigle dans le ciel et chargea les colombes de l'honorable emploi d'annoncer l'arrivée des saisons. Athen., lib. IX, pag. 491. On peut voir dans Hérodote la fable qu'il rapporte sur les colombes de Dodone et d'Ammon. Herod., lib. II, cap. 54.

(3) Apollon., Rhod. *argon.*, lib. III, v. 25-175.

(4) C'est avec des jouets qu'il fut attiré par les Titans, comme nous l'apprend Orphée. Au nombre de ces jouets se trouvoient des pommes d'or, qui approchent assez de la balle d'or de Jupiter. On voit dans Hancarville, tom. I, pl. LIX, CXVII, une bacchante jouant à la balle.

(5) De là vient le surnom de *Licnites* donné à Bacchus; car Servius nous apprend que c'est dans un van qu'il fut placé à sa naissance. Serv., *Georg.*, lib. I, v. 166. Le van étoit le symbole des mystères.

       Et mystica vannus Iacchi.

Virg., Georg., lib. I, v. 166.

Jupiter y fut aussi placé à sa naissance. Callim., *in Iov.*, v. 47.

(6) Il paroît que la balle fut un attribut de l'Amour dans Anacréon. Il en jette une à ce poète pour l'engager à jouer avec lui:

Σφαίρῃ δεῦτε με πορφυρέῃ
βάλλων χρυσοκόμης Ἔρως,
Νύνι ποικίλος λαμβάνω
Συμπαίζειν προκαλεῖται.

Fragm. ex Athen., lib. XIII, cap. 72.

(7) Ce n'est pas un de ces petits temples portatifs, soit en ivoire, soit en autre matière, que les dévots de l'antiquité faisoient faire de la même forme que ceux qui étoient consacrés aux dieux, comme Démétrius en faisoit à Ephèse à l'imitation du fameux temple de Diane. *Act. apostol.*, cap. 19, v. 24; S. Chrysost., hom. iv, *ad Act. apostol.*, loc. citat. On voit de ces petites édicules, *ædes argentarias*, sur les vases. Voyez Mill., *Vas. antiq.*, tom. II, pl. XXV. Dans les peintures d'Herculanum, tom. II, pl. XXI, on voit dans une bacchanale un jeune homme vêtu d'une longue tunique qui porte aussi une édicule. Notre vase rappelle plutôt les cassettes où étoient renfermées les images des dieux, surtout celle de Bacchus Æsymnète. Pausan., *Att.*, cap. 19; *Lac.*, cap. 24. Oppien appelle cette dernière Χηλὸν ἀρρητην, *l'arche ineffable*. Kuny. IV, v. 253. Cet usage étoit emprunté des Egyptiens qui renfermoient leurs dieux dans de semblables boîtes. Ils nommoient ces arches κωμασιαι ou κωμασηρια. Clem. Alexand., *Strom.* V, p. 567.

un autre par terre auprès d'elle. Ce sujet ne peut retracer qu'une cérémonie religieuse; ce qui nous fait penser que la figure habillée en Minerve est moins cette déesse qu'une de ses prêtresses. Souvent chez les anciens les personnes revêtues du sacerdoce[1] prenoient le costume des divinités qu'elles servoient.

L'autre partie du vase représente un lectisterne. Chaque convive tient sa coupe[2]; ce qui pourroit peut-être faire allusion à la fête du Choes. Oreste s'étant réfugié à Athènes y fut bien accueilli par Démophon, roi de ce pays. Ce prince invita un grand nombre de convives; et comme son hôte devoit boire dans un vase particulier tant qu'il ne seroit pas purifié, Démophon fit donner à chacun un choes afin qu'on pût boire seul, et promit même une récompense à celui qui le feroit le premier. De cette manière Oreste ne pouvoit être humilié de boire dans un vase à part[3]. Cette cérémonie se perpétua dans la suite, et donna naissance à la fête du Choes[4].

Il est vrai que les objets sphériques qui ornent le champ de cette peinture ne favorisent pas cette interprétation; mais le sujet n'étant pas complet, nos conjectures ne peuvent être qu'imparfaites.

PLANCHE XLIX.

L'Ithyphalle[5], jouant de la lyre à la tête de trois personnages qui sont peints sur ce vase, indique que le sujet de cette peinture n'a pas rapport à l'histoire de Bacchus que l'on voit figuré[6] au centre, mais bien à quelque cérémonie de son culte.

Mercure forme le troisième personnage; on le reconnoît facilement quoique sa barbe ne soit pas cunéiforme[7], et que son caducée soit un peu différent de ceux qu'on lui donne en général; les serpents ne sont pas tournés comme à l'ordinaire, et au milieu du cercle qu'ils décrivent sort une espèce de petit mar-

(1) La prêtresse de Minerve paroissoit avec l'égide, la cuirasse, et un casque surmonté d'aigrettes. POLYÆN., lib. VIII, cap. 59. D'autres prêtresses ne portoient que les symboles de leurs dieux : ainsi la prêtresse de Cérès paroissoit couronnée de pavots et d'épis. CALLIM., *Hymn. in Cerer.*, v. 45; HELIOD., *Ætiop.*, lib. III, p. 134; PLUT., tom. II, p. 843.

(2) Il y a dans MILLIN, tom. II, pl. LVIII, un lectisterne où les convives ont aussi chacun leur coupe; l'usage général étoit au contraire de ne faire servir qu'un seul vase à la ronde.

(3) ATHEN., lib. X; PLUT., *Sympos.*, lib. II, quæst. 1; APOLLOD., *Ap. sch. Aristophan. ad. Acharn.; Schol. Aristoph. ad Equit.*

(4) Nous avons parlé à la pl. XXIX de la seconde partie de cette fête.

(5) Les ithyphalles qui dansoient dans les processions des bacchanales avoient un membre viril de cuir rouge attaché à une courroie qui embrassoit les hanches ou le milieu des cuisses. SUID. *in Iliac. voc.;* TISCHB., tom. I, pl. XXIX.

(6) Ce sont encore des prêtres vêtus des habits de leurs dieux.

(7) Σεμνοπωρον. POLL., *Onom.*, lib. IV, cap. 19, §. 137, 138. On représente souvent Mercure avec cette barbe, mais sur les monuments les plus anciens. WINKELM., *Monum. inéd.*, n° 2; TISCHB., tom. IV, pl. III; MILL, *Peint. de vas. antiq.*, tom. I, pl. LXX.

teau. Cependant on ne peut s'empêcher de reconnoître Mercure[1], le dieu de l'éloquence, le législateur des plus anciens peuples; il tient à la main un rouleau où sont tracés des lignes en forme de caractère. C'est sous ce rapport principalement qu'il est le compagnon[2] du dieu Thesmophore[3]. La culture de la terre et de la vigne en unissant les hommes fit naître la société, et la société créa les lois. Voilà pourquoi on dit que Mercure reçut Bacchus à sa naissance.

Faut-il s'étonner si son caducée laisse apercevoir l'attribut de Vulcain, le marteau? Nous verrons bientôt que l'art de forger les métaux tient aux premiers temps des mystères[4]. Il est donc aussi ancien que la législation: on a pu confondre avec raison ce double attribut dans un seul personnage.

Cette peinture présente une gracieuse allégorie. Bacchus chancelant à cause de l'état d'ivresse dans lequel il se trouve repousse Mercure, et ce législateur des peuples veut en vain le rappeler à la raison en lui mettant sous les yeux ses lois et ses bienfaits.

PLANCHE L.

Cette peinture est le revers de la précédente. On y voit une bacchante qui tient deux flambeaux à la main[5]; elle vient de frapper un faune[6] qui lui demande pardon. Ce sujet est plus d'une fois répété sur les vases[7].

(1) *Mercure, facunde nepos Atlantis*
Qui feros cultus hominum recentum
Voce formasti catus.
Horat., lib. I, od. x, v. 1.

Aussi l'invention des lettres et de l'écriture lui étoit-elle attribuée. Plat., *in Phileb.*, tom. II, p. 18; Cicer., *De Natur. deor.*, lib. III, cap. 22. Il avoit dicté des lois à l'Egypte; il étoit l'auteur de toutes les sciences, et le plus ancien dépositaire de toutes les connoissances humaines. Diod., lib. I, Lact., lib. I, cap. 6; Euseb., *Præpar. evang.*, lib. I, cap. 10; Plutarq., *Sympos.*, lib. IX, quæst. 3. Ce qui fit mettre sous son nom tous les livres de sciences qui existoient en Egypte; on les intituloit les livres d'Hermès. Iamblich., *De Myster. Ægypt.*, cap. 1; Jablonsk., lib. V, cap. 5.

(2) En effet, nous avons vu plus haut, pag. 57, note 1, qu'un Mercure accompagnoit Cérès et Triptolème. Sur un vase publié par Hancarville, tom. IV, pl. LXXI, on voit le génie des mystères qui présente le livre des lois à Cérès. Or Mercure jouoit sous le nom de Cadmille un rôle important dans les mystères cabiriques, Tzetz., *Ad Lycophr.*, v. 162; *Schol.* Apollox., *Rhod.*, lib. I, v. 917, qui, comme nous verrons bientôt, avoient une grande analogie avec ceux de Bacchus. Mercure en jouoit également un dans les mystères d'Eleusis, puisqu'il y a des auteurs qui prétendent qu'il remplissoit celui d'Hieroceryx. Euser., *Præpar. evang.*, lib. III.

(3) Θεσμοφορον καλω γαρθηκοφορον Διονυσον.
Orph., *Hymn. in Misem.*, v. 1.

Dans Tischbein on voit une peinture où Bacchus est joint à Cérès Thesmophore; cette déesse semble lui apprendre les lois. Tom. VI, pl. XLVI.

(4) *Vid. infr.*, pl. LII, et seq.

(5) On voit quelquefois dans les bacchanales des personnes qui portent deux flambeaux. Ici cet attribut peut faire allusion aux deux flambeaux de Cérès Thesmophore, ce qui convient parfaitement au revers de Bacchus Législateur. Cérès étoit souvent représentée avec deux flambeaux. Paus., *Arc.*, cap. 39; *Phoc.*, cap. 35.

(6) *Et feminæ pellibus accinctæ assultabant ut sacrificantes vel insanientes Baccho.* Tacit., *Annal.*, lib. XI.

(7) A la planche suivante nous verrons ce sujet représenté deux fois.

Vase N.º 7.

Vase N.º 8.

Sujet principal du Vase N.º7.

Côté principal du Vase N:o 8.

Figures d'un Vase de la même forme.

Figures d'un Vase de la même forme.

Figures d'un Vase de la même forme.

Sujet d'un Vase de la même forme.

Sujet d'un Vase de la même forme.

Vase N.º 9.

Vase N.º 10.

Vase N.° 11.

Vase N.° 12.

Vase N.° 13.

Vase N.º 14.　　Vase N.º 15.　　Vase N.º 16.

Sujets des trois Vases N.ᵒˢ 14. 15 & 16.

Vase N° 17
Vase N° 18

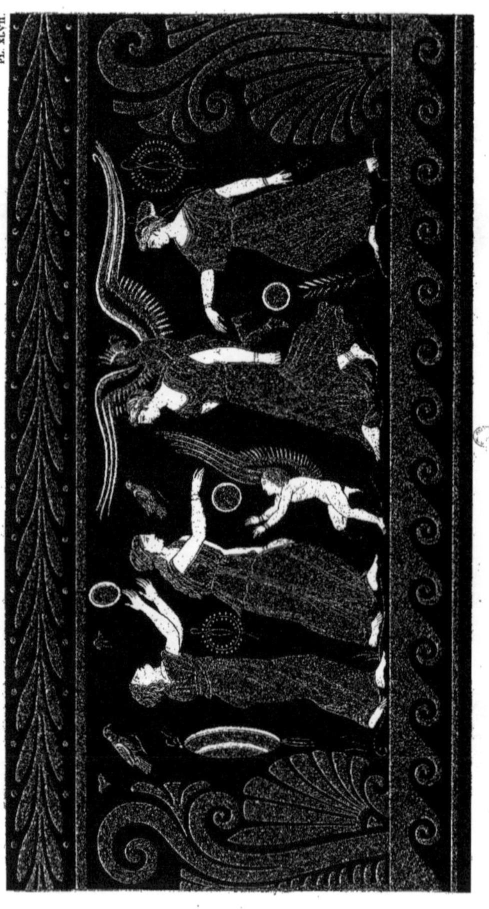

Sujet du Vase Nº 17.

Vase N.º 19.

Vase N.º 20.

Sujet principal d'un Vase de la forme N.° 4.

Autre sujet de Vase ci-dessus.

PLANCHE LI.

Cette planche offre une procession bachique; elle est composée de quatre plans, dont le premier se rattache au troisième et le second au quatrième. Sur le premier plan, après une bacchante qui poursuit un faune, on voit un Bacchus vêtu d'une nébride et d'une tunique courte, que précède son joueur[1] de flûte, et que suit un faune chargé d'une outre[2]. Ce sujet est souvent répété sur les vases avec des circonstances plus ou moins ressemblantes. Les autres figures sont des faunes qui poursuivent des bacchantes, ou des bacchantes qui frappent des faunes[3]. Tout cela s'exécute en dansant; car c'étoit ainsi que se passoient toutes les processions de Bacchus[4].

Vers la fin du troisième plan, une bacchante assise joue de la lyre et captive l'attention d'un faune; ce qui indique l'endroit[5] où l'on se reposoit dans les processions, et qu'on nommoit *munsio, statio*. Enfin sur le dernier plan, on voit des faunes qui luttent en dansant, et qui nous donnent une idée de la gymnopédie[6].

PLANCHES LII ET LIII.

Toutes les fois qu'on rencontre sur un monument de l'antiquité un Vulcain[7],

(1) HÉROD., lib. II, §. 48.

(2) *Vid. supr.*, pl. XXIV. TISCHB., tom. I, pl. XXXI; tom. II, pl. XLIV; MILL., *Peint. antiq.*, tom. I, pl. XXX.

(3) *Vid. supr.*, pl. L.

(4) STRAB., lib. X. Car Bacchus étoit considéré comme l'inventeur de la danse. EUSTATH. *ad Homer., Iliad.*, lib. XVI. Quelques unes des danses de notre peinture sont modérées; les autres représentent toute la violence de la danse nommée *thermaustris*. HESYCH., *in h. voc.;* ATHEN., lib. XIV, cap. 7.

(5) Ainsi le sixième jour des Eleusinies dans la procession d'Iacchus, qui, par ses danses, ressembloit assez à une bacchanale, la pompe sacrée, après être partie de l'Eleusinium, s'arrétoit au Céramique. ARRIAN., *Expedit. Alexandr.;* MEURS., *Lect. Attic.*, lib. V.

(6) Cette danse, selon Athénée, étoit consacrée à Bacchus, et avoit quelque rapport avec la lutte, ανωπαλη; car par les mouvements cadencés des pieds et par des démarches figurées, on offroit une image, quoiqu'adoucie, de la lutte et du pancrace. ATHEN., lib. XIV, pag. 632.

(7) On le reconnoit ordinairement à une hache à double tranchant avec laquelle il fendit la tête de Jupiter pour en faire sortir Minerve. APOLLOD., lib. I, cap. 3, §. 6; HESIOD., *Theog.*, v. 885; LUCIAN., *Dial. Deor.* VIII. C'est la forme qu'a la hache sur notre vase; d'autres fois elle n'a qu'un tranchant. MILL., *Peint. antiq.*, tom. I, pl IX; TISCHB., tom. III, pl. IX; tom. IV, pl. XXVIII.

34

soit à pied[1], soit monté sur un âne[2], en compagnie de Bacchus, ou seulement de bacchantes et de satyres comme sur notre peinture, on est tenté de penser que ce sujet représente le retour de Vulcain[3] au ciel, où il fut reconduit par Bacchus[4].

Sur le vase que nous expliquons, on voit Vulcain qu'on reconnoît facilement à sa hache, un canthare à la main, revêtu d'une singulière tunique[5], et monté sur un âne. Il est précédé d'une ménade, qui semble conduire son coursier et le fouetter pour le faire avancer. Derrière lui est une autre ménade et un satyre qui semblent le pousser en avant. Des grappes et des vignes ornent le champ de la peinture. Nous ne pensons pas qu'il représente le retour de Vulcain dans le ciel, quoique sur l'autre côté du même vase on remarque un superbe *Dionysos* entouré de ménades et de satyres. Il nous semble que ce sujet a plutôt rapport aux phalléphores[6], ou fêtes de la génération, dont Vulcain fut une des premières divinités[7].

En effet, l'âne sur lequel il est monté, qui est par lui-même un emblème[8] de la génération, comme le bouc, Pan et Priape, présente un phallus monstrueux,

(1) C'est ainsi qu'étoit représenté celui d'Athènes fait par Alcamenes; il boitoit un peu. *Et quidem Athenis laudamus Vulcanum eum, quem fecit Alcamenes, in quo stante atque vestito leviter apparet claudicatio non deformis.* Cicer., *De Natur. deor.*, lib. 1, §. 30. C'est aussi à pied qu'est représentée la figure au-dessus de laquelle on lit ΗΦΑΙΣΤΟΣ, Vulcain, sur un vase publié par M. Millin, tom. I, pl. IX.

(2) Tischb., tom. III, pl. IX; tom. IV, pl. XXVIII. L'âne étoit la monture favorite de Vulcain comme de Bacchus; c'est sur des ânes que ces dieux se trouvèrent au combat contre les géants. Hyg., *Astron. poet.*, lib. II, cap. 24. Aristide nous apprend que lorsque Bacchus reconduisit ce dieu dans l'Olympe, Vulcain étoit monté sur un âne. Κομισας τον Ηφαιστον ακοντα εις τον ουρανον και ταυτα τε αναθεις ονῳ. Aristid., *Orat. in Bacch.*, tom. 1, pag. 35.

(3) *Vulcanus Jovi cæterisque diis soleas aureas ex adamante cum fecisset, Juno cum sedisset, subito in aere pendere cœpit. Quod cum ad Vulcanum missum esset, ut matrem quam ligaverat solveret, iratus quòd de cœlo præcipitatus erat, negat se matrem ullam habere. Quem cum Liber Pater ebrium in concilio deorum adduxisset, pietati se negare non potuit, etc.* Hygin., *Fab.* 166.

(4) Ce sujet étoit celui d'un tableau qui ornoit le temple de Bacchus à Athènes. Pausan., *Attic.*, cap. 22. Il se trouve sur les vases. Mill., tom. 1, pl. IX; tom. II, pl. LXXI; Tischb., tom. IV, pl. XXXVIII. M. Millin a cru reconnoître ce sujet dans un autre vase d'Hamilton. Tischb., tom. III, pl. IX. Mais Bacchus sur cette peinture suit Vulcain au lieu de le précéder.

(5) C'est une tunique sans manche, qui semble faite en cuir tant elle est roide; elle se termine en pointe et elle est bigarrée de bandes échancrées noires et blanches. Sur les vases que nous avons cités, il est également vêtu d'une tunique courte. *Voyez* Dempst., *Etrur. regal.*, I, 78; Passer., *Lucern.* 52. Il est nu sur l'autel du Capitole. Winckel., *Monum. ined.*, 5.

(6) C'est la fête qu'Isis institua, parcequ'elle ne put trouver le phallus d'Osiris mis à mort par Typhon; elle consacra en sa place une imitation de cet objet, en mémoire de quoi les Egyptiens célébroient les phalléphores. Plutarch., *De Is. et Osir.*, pag. 358. Diodore, après avoir rapporté la même fable, ajoute : de là vient que les Grecs qui ont emprunté des Egyptiens les mystères et les orgies de Bacchus ont une idole semblable qu'ils nomment *Phallus,* au sujet de laquelle les initiés font de grandes cérémonies dans les fêtes de ce dieu. Diod., lib. I, §. 12. Les pamylies d'Egypte ont beaucoup de rapport avec les phalléphores. Plutarch., *De Is. et Osir.*, pag. 355, 365.

(7) On donna au feu le nom de *Vulcain;* on le tient pour une grande divinité, parcequ'il est d'une grande utilité pour la génération et la perfection de toute chose. Τον δε πυρ μεθερμηνευομενον Ηφαιστον ονομασαι, νομισαντας μεγαν ειναι θεον, και πολλα συμβαλλεσθαι πασιν εις γενεσιν τε και τελειαν αυξησιν. Dion., lib. I, pag. 8. C'étoit le père de tous les dieux, comme on le lit sur l'obélisque restitué par les soins de Sixte V. Il étoit même le père du Soleil; c'étoit le feu perpétuel selon les Egyptiens. *Vid. inf.*, note 17.

(8) On dit que l'âne ayant eu dispute avec Priape, dont le membre viril rivalisoit avec le sien, fut vaincu et tué par lui. Bacchus, touché de son malheur, le plaça dans le ciel. Hygin., *Astron. poet.*, lib. II, cap. 24; Germanc., cap. 10. L'âne fut vainqueur selon Lactance.

et le phallus du satyre indique par sa position le principe actif de la nature[1]. Il est vrai que le dieu du phallus est plutôt Osiris chez les Egyptiens[2], et Bacchus chez les Grecs[3]. Mais ces deux divinités ont des rapports très grands avec Vulcain, dont le culte étoit uni au leur.

Osiris étoit le même que Bacchus[4]. L'ame d'Osiris passa à sa mort dans le bœuf Apis, et se transmit de bœuf en bœuf jusqu'au dernier[5]; ainsi Apis est le même qu'Osiris, et que Bacchus par conséquent. Or la consécration de ce bœuf se faisoit à Memphis dans le temple de Vulcain[6]. Il y avoit même un appartement doré[7], et sa demeure habituelle étoit vis-à-vis le portique du temple de ce dieu[8]; d'ailleurs la nature de Vulcain étoit la même que celle d'Osiris[9]. Si donc les phalléphores en Egypte étoient adaptées aux fêtes d'Osiris, elles ne devoient pas être étrangères au culte de Vulcain.

Veut-on que ces cérémonies ne soient pas apportées d'Egypte par Mélampe comme le dit Hérodote[10]; veut-on qu'elles soient instituées avec le culte de Bacchus[11]? ici l'identité sera encore plus évidente. Orphée[12] étoit initié aux mystères cabiriques lorsqu'il établit le culte de Bacchus. Ces mystères présentent une ressemblance si parfaite avec les mystères dionysiaques[13], qu'on diroit qu'Orphée

---

Itaque inter eum (asinum) Priapumque ortum esse certamen de membri obscœni magnitudine, Priapum victum et iratum interemisse victorem. LACTANT., *De Fals. relig.*, lib. I, cap. 21.

(1) Cette double circonstance ne se trouve pas sur les vases ci-dessus cités.

(2) Les Egyptiens avoient consacré le phallus dans les mystères d'Isis et d'Osiris. PLUTARCH., *De Isis.*, pag. 365; DIODOR., lib. I, cap. 23. Voilà pourquoi, dit Diodore, les Grecs qui ont emprunté de l'Egypte leurs orgies et leurs fêtes, révèrent le phallus dans les mystères, les initiations, et dans les sacrifices. *Loc. cit.*

(3) On portoit le phallus au temple de Bacchus. *Div.* AUGUST., *De Civit. dei*, lib. VI. Dans les dionysiaques on portoit un phallus en procession, comme il paroît d'après Aristophane :

Σφωιν δ' εστιν ορτος εκτεος
Ο φαλλος ειορισθε της κανηφορου.
ARISTOPH., Acharnan., v. 241.

On chantoit un hymne que le même auteur appelle *phallique*. *Ibid.*, v. 260. Cependant Diodore prétend que, dans ces fêtes, c'étoit la figure de Priape qu'on portoit au lieu du phallus, DIOD., lib. IV, §. 6; ce qui revient à-peu-près au même. Selon Tertulien, c'étoit Mélampe qui avoit apporté d'Egypte le culte de phallus et de Bacchus. *Adv. Valentin.*

(4) HERODOT., lib. II, §. 49; DIOD., lib. I, pag. 8.

(5) PLUTARCH., *De Is. et Osir.*, pag. 362; DIODOR., lib. I, §. 85; STRAB., lib. XVII, pag. 1160.

(6) DIODOR., lib. I, §. 84.

(7) HERODOT., lib. II, §. 153. C'étoit Psammctichus qui le lui avoit fait élever.

(8) *Ibid.*

(9) En effet, il est le père de tous les dieux comme nous l'avons vu. Manethon, prêtre égyptien, cité par Syncelle, le met à la tête de toutes les dynasties, et fait régner immédiatement après le Soleil. SYNCELL., *in Princip.* Or, Osiris est le même que le Soleil. JAMBLIC., cap. 39; DIODOR., lib. I, §. 11. Vulcain étoit le feu céleste et perpétuel à qui, selon la théologie égyptienne, on rapportoit l'origine de tout. Ην δε ποτε πυρ το παν, και παλιν γενησεται εν περιοσω. PHORNUT., *De Natur. deor.*

(10) Lib. II, §. 49; DIOD., lib. I, §. 97; CLEM. ALEX., *Protrept.*, pag. 12.

(11) THEODOR., *Therap.*, serm. I, *De fidelib.*

(12) APOLLON., *Rhod. argonaut.*, lib. I, v. 915. Cependant c'est d'Egypte qu'on lui fait apporter le culte de Bacchus. Και εις Αιγυπτον αφικομενος, τα της Ισιδος και του Οσιριδος εις τα της Δηους και του Διονυσου μετατεθεικεν οργια. THEODOR., *loc. cit.* Apollodore dit qu'il les inventa.

(13) En effet, sans parler des cérémonies de l'initiation, on célébroit dans les mystères cabiriques la mort de Cadmille massacré par ses deux frères, qui s'enfuirent emportant avec eux ses parties naturelles dans une ciste sacrée. CLEM. ALEXAND., *Protrept.*, tom. I, pag. 16; ARNOB., lib. V, pag. 75. Sa tête fut enveloppée aussitôt d'une étoffe teinte de pourpre, et son corps couronné de fleurs et porté sur un bouclier d'airain fut enterré au pied du mont Olympe. CLEM. ALEXAND., *loc. citat.* On reconnoît facilement dans cette représentation des mys-

n'a fait que les rajeunir pour inventer ceux qu'il propagea. Or les Cabires étoient les fils de Vulcain[1], et cette divinité étoit celle qui étoit le plus vénérée dans ces mystères de Samothrace sous le nom d'*Axieros*[2]. Si donc le culte de Bacchus et du phallus tire sa source de celui de Vulcain, il n'est pas étonnant que les phalléphores se rapportent aussi à cette dernière divinité[3]; d'ailleurs le phallus jouoit son rôle dans ces mystères de Vulcain.

La planche LIII, qui forme l'autre côté du vase, autorise encore nos conjectures. Ici l'on voit Bacchus; à sa droite est un satyre et une ménade; à sa gauche est un autre satyre et une autre ménade. Le dieu lève son canthare, et semble adresser la parole au satyre et à la ménade de droite qui le poussent vers les autres; ceux-ci l'attirent à eux. Le satyre de droite est représenté *pudendis erectis,* celui de gauche n'offre pas cette particularité. Nous croyons remarquer dans cette différence la lutte des deux principes de la nature, le principe actif et le principe passif qui se disputent le dieu de la génération : ce dogme qui est, selon Plutarque, de toute antiquité, qui a passé des théologiens et des législateurs aux poëtes et aux philosophes... qui a été consacré par les mystères et les sacrifices chez les Grecs et chez les barbares[4]. Le principe actif étoit à droite selon Pythagore et le principe passif étoit à gauche[5], ainsi qu'ils sont représentés sur notre peinture; et la chute momentanée du bon principe fut représentée dans l'origine des fables mythologiques par l'amputation du membre viril, comme dans la fable d'Osiris et de Cadmille[6],

---

tères cabiriques la cérémonie des mystères dionysiaques. C'étoit un repas de chaire crue qui avoit lieu en commémoration de la mort violente de Bacchus, mis en pièces par les Titans. Euripiu., *Bacch.,* v. 139; Clem. Alexand., *Protrept.,* pag. 11; Arnob., *Advers. gent.,* lib. V. A Chio et à Ténédos, on dit qu'on mangeoit de la chaire humaine. Porph., *De Abstin.,* lib. II, §. 56. Mais peut-être n'est-ce qu'une calomnie, comme celle qui a été lancée contre les agapes des chrétiens. Enfin, le phallus de Cadmille dans la ciste sacrée ne rappelle-t-il pas les dionysiaques, Aristoph., *Acharnan.,* v. 241; et l'histoire d'Isis qui, ayant ramassé les membres d'Osiris mis à mort par Typhon, ne put trouver le membre viril ? Elle consacra à sa place le phallus qui en étoit une imitation, ainsi que nous l'avons vu plus haut. Diod., lib. I, §. 11; Plutarch., *De Is. et Osir.,* pag. 358.

(1) Herod., lib. III, §. 37; Strab., lib. X ; Nonn., *Dionys.,* lib. XXIX.

(2) Strab. et Nonn., *loc. citat.*

(3) Puisque c'est de là que les Pélages apprirent aux Hellènes à faire les figures itiphalliques des anciens Mercures. Herod., lib. II, §. 51. *Cujus obscœnius excitata natura traditur quod adspectu Proserpinæ commo-*

tus sit. Cicer., *De Natur. deor.,* lib. III, §. 22. On attribuoit à Vulcain comme à Mercure l'origine de toutes les sciences. Αιγυπτιοι μεν γαρ Νειλου γενεσθαι παιδα Ηφαιςϛον ον αρξαι φιλοσοφιας, ης τους προεστωτας ιερεας ειναι και προφητας. Diog. Laert., *Præf.,* pag. 1.

(4) Plutarch., *De Is. et Osir.,* pag. 365. Ce même auteur reconnoit ce double principe dans la fable d'Osiris et de Typhon. *Ibid.,* pag. 369. Et Proclus regarde aussi la guerre des géants comme une fiction mythologique, qui exprime la puissance de la matière ténébreuse et cahotique qui résiste à la force active et bienfaisante qui l'organise. Proci., *in Timæum.,* pag. 119. C'étoit la croyance des Égyptiens et des Assyriens, *Div.* August., *De Civitat. dei,* lib. V, cap. 21; et de presque tous les peuples de l'antiquité.

(5) Porphyr., *Vit. Pythag.,* pag. 25; Plutarch., *De Is. et Osir.,* pag. 370. Certains peuples ont reconnu ces deux principes dans les vicissitudes périodiques de la nature, le froid et le chaud. Diog. Laert., lib. VIII, pag. 583. L'éloignement et le retour du soleil. *Ibid.* Le renouvellement et la destruction de la végétation furent aussi envisagés comme les effets de la rivalité alternative de ces deux principes.

(6) *Vid. supr.,* notes 5 et 20.

et dans la suite par la mort, comme dans la fable de Bacchus [1].

Ce vase est aussi précieux par la beauté de ses sujets que par la hardiesse des contours et la pureté du dessin ; ce qui est d'autant plus remarquable que les vases à four jaune n'offrent pas ordinairement cette perfection.

PLANCHES LIV ET LV.

Ces deux peintures ont beaucoup de rapport avec les deux précédentes, et viennent à l'appui de l'explication que nous en avons donnée. La première ne représente pas une de ces scènes des dionysiaques, où l'on voyoit des hommes montés sur des ânes comme Silène [2]; c'est Bacchus lui-même que l'artiste a voulu figurer, ainsi que l'indique le vase que l'on porte devant lui, qui par sa dimension rappelle celui dont ce dieu se faisoit toujours accompagner [3]. Un autre faune le suit. L'âne sur lequel ce dieu est monté présente comme celui de Vulcain à la planche LII un phallus énorme, et prouve que c'est aux phalléphores que ce sujet appartient.

Sur le revers de ce vase on voit un Dionysos assis sur une chaise ; il tourne la tête vers un satyre qui est derrière, et qui par une posture indécente rappelle celui de l'avant-dernière planche. De l'autre côté est un prêtre de Bacchus qui semble prendre la fuite. Cette peinture offre, selon nous, le même sujet que nous avons cru trouver dans la planche LIII.

PLANCHE LVI.

Cette planche représente un sujet plusieurs fois répété sur les vases [4], le mariage de Bacchus et de Libéra.

Ce dieu, tenant une branche [5] de laurier au lieu d'un thyrse, est assis auprès de Libéra [6]. Au-dessous d'eux est un faune jouant de la double flûte ; auprès du dieu est le génie [7] de l'Amour qui apporte le collier de l'hymen ; der-

---

(1) Pythagore, dit Varron, reconnoissoit deux principes de toutes choses, le fini et l'infini, le bien et le mal, la vie et la mort, le jour et la nuit. VARR., *De Ling. latin.*, lib. IV, lib. V, pag. 46.

(2) ULPIAN., *in Mid.*, pag. 688.

(3) Dans Tischbein on voit un faune qui porte derrière Bacchus, monté sur une panthère, un vase d'un volume immense. TISCHB., tom. II, pl. XLIX.

(4) MILL., *Peint. antiq.*, tom. I, pl. XXXVII et XLII.

(5) Quelquefois Bacchus étoit couronné de laurier. TERTULLIAN., *De Coron. milit.* Homère lui donne aussi une couronne de lierre et de laurier :

Κισσῷ καὶ δαφνῃ τεπυκασμενος.

HOMER., *Hymn. in Bacch.*, v. 9.

(6) Le lit n'est pas figuré comme cela arrive souvent sur les peintures antiques.

(7) On nomme ordinairement ce génie *le Génie des mystères:* c'est une fausse dénomination. Son nom nous est indiqué par plusieurs vases ; d'abord un de ses génies dans une bacchanale est nommé ΗΜΕΡΟΣ sur une peinture publiée par TISCHB., tom. II, pl. L. Ensuite sur la pl. XXV de cette collection, on lit ΕΡΩΣ au-dessus d'un génie ou d'un enfant ailé. Enfin, nous verrons bientôt dans une superbe bacchanale que ce même génie portera le nom de ΙΜΕΡΟΣ, pl. XLV. Ces trois noms sont ceux que les anciens donnoient à l'Amour. PHORNUT., *De Nat. deor. in Amor.*, Scopas fit trois statues de l'Amour dont chacune portoit un de ces noms. PAUS., *Attic.*, cap. 43. Ces génies

rière lui est une bacchante singulièrement habillée qui tient un autre collier, et derrière Libéra on voit encore un faune armé d'un thyrse et qui soulève également un collier.

Mais quelle est cette Libéra? Est-ce Ariane comme le disent une foule d'écrivains de l'antiquité[1], ou bien est-ce Proserpine que l'on voit souvent alliée au culte de Bacchus, et qui en Italie étoit surnommée Libéra[2]? Les archéologues modernes prétendent que c'est cette dernière divinité qui est représentée avec Bacchus[3], et ajoutent que si son mariage mythologique avec son frère n'est pas vulgaire comme celui d'Ariane, c'est que c'étoit le mariage sacré, ἱερος γαμος, des mystères[4]. Notre peinture favorise cette conjecture; on voit auprès de Libéra les pavots[5], symbole des divinités infernales et de Proserpine. Le faune qui joue de la double flûte en est couronné; il est sur un coussin.

Le vase du dieu est auprès de lui au-dessous de l'Amour; au-dessous de Libéra on voit une espèce de base pour en placer un autre.

PLANCHE LVII.

Cette planche représente une femme qui va faire des offrandes sur un autel; un satyre de l'espèce de ceux qui ont les pieds de chèvre porte sur sa tête le ciste[6], d'où elle prend le myrte sacré[7], non comme symbole des morts, mais comme plante chère à Bacchus[8]. Le tambour de basque et le satyre indiquent que cette cérémonie n'a pas rapport aux funérailles.

que l'on voit sur les vases ne sont donc que des amours; ils jouoient un rôle dans les mystères. 1° Dans les mystères cabiriques. *Scopas fecit Venerem, et Pothon et Phaethontem qui Samothrace sanctissimis cæremoniis coluntur.* PLIN., *Histor. natur.*, lib. XXXVI, cap. 4. 2° Dans ceux de Bacchus, comme le prouve les monuments que nous avons cités; 3° et enfin, dans les mystères de Cérès, sa présence ne devoit pas être étrangère au mariage sacré dont nous parlerons plus bas à la note 72. L'amour avoit aussi des mystères particuliers. PLUTARCH., *De Amor. moral. in princip.*

(1) Dans Ovide, *Fast.*, lib. III, v. 464, Bacchus dit à Ariadne:

Tu mihi juncta toro, mihi juncta vocabula sume,
Jam tibi mutatæ Libera nomen erit.

(2) A. Posthumius leur voua un temple sous ce nom pendant la guerre des Volsques: ce temple fut consacré par C. Cassius, DYONYS. HALICARN., lib. VI, pag. 414; et restauré par Tibère. TACIT., *Annal.*, lib. II, cap. 49. On invoquoit Liber et Libéra dans les jeux publics. CICER., *in Verr.*, V. 14. On leur adressoit des offrandes communes. TIT. LIV., lib. XLI, §. 33.

(3) *Vid.* BOETTIGER *Vasen Gemæhlde*, I, 154; Ar-chæolig. *Mus.*, I, 21; MILL., *Peint. ant.*, tom. I, pag. 74.

(4) PROCL. *in Timæ.*, pag. 16. Pendant l'épopté dans les Eleusinies, on représentoit l'enlèvement de Proserpine. TERTULLIAN., *Advers. Valent.* On dressoit un lit nuptial. S. JEAN. EUSEB., *Hist. eccles.*, lib. IV, cap. 11. Et au moment du mariage sacré les flambeaux s'éteignoient, et le prêtre et la prêtresse s'éclipsoient un instant. *Cur rapitur sacerdos Cereris, si non tale Ceres passa est.* TERTULLIAN., *De Natur.*, lib. II.

(5) CALLIM., *Hymn. in Cerer.*, v. 44 et 45; SPANH. *ad hunc loc.*; OVID., *Fast.*, lib. IV, v. 531 et seq. Cette plante étoit consacrée à Bacchus, puisqu'on la trouvoit daus son ciste, comme divinité infernale, qualité qui convient à l'époux de Proserpine.

(6) Il y avoit dans ces cistes des branches d'arbres, des férules, du lierre, des gâteaux, du sel, des pavots, la figure du dragon, CLEM. ALEXANDR., *Protrept.*; et même le phallus, ARISTOPH., *Archan.*, v. 241, 242.

(7) Le myrte étoit spécialement consacré aux dieux infernaux. *Schol.* ARISTOPH., *Ran. ord.*, v. 333. Alceste avant d'expirer est représentée occupée à orner de myrte leurs autels. EURIPID., *Alc.*, v. 181.

(8) ARISTOPH., *Ran.*, v. 1242; EURIPID., *Bacch.*, v. 695, 833.

PLANCHE LVIII.

Bacchus jeune homme, ayant une panthère à ses pieds, et entouré de satyres et de ménades, tous dans l'attitude du repos, présente son canthare à une femme d'une taille élevée, d'un port majestueux, qui va lui verser à boire, et lui offre des graines en triangles. Cette femme est remarquable par ses grandes ailes; on diroit que c'est la Victoire, Νικη. Ce qui est d'autant plus probable que la fable dit que Bacchus eut de la nymphe Nice, ou Victoire, un fils nommé Télétès ou *les Mystères*[1]. Cette allégorie est trop évidente pour mériter de plus longs développements.

PLANCHE LIX.

Si le piléus ou bonnet d'Ulysse et l'épée en sautoir qui ornent le haut de cette peinture sont les emblèmes de l'Iliade et de l'Odyssée, comme le pensoit un auteur[2] infatigable dans ses recherches, ce vase sur lequel on voit trois jeunes gens autour d'un cheval qui occupe un plan plus élevé doit représenter quelque scène du siége de Troie, ou des voyages d'Ulysse. Ce cheval pourroit être le fameux cheval de Troie[3] : mais alors quelle explication donner de cette nymphe qui occupe un coin de la peinture? Pourquoi tous ces guerriers armés de lances et de doubles lances ont-ils une couronne radiée, symbole des initiés[4]? Nous pensons plutôt que cette peinture a rapport à quelques cérémonies du culte de Bacchus.

> *Sparsis subito corrupta canistris*
> *Sylvestris regina chori decurrit in equum*
> *Vertice ab Ogygio, trifidamque huc tristis et illuc*
> *Numine sanguineo pinum dejectat*[5].

Ces vers ne parlent que d'une prêtresse, parceque les hommes ne furent admis que très tard aux mystères de Bacchus[6].

Le vase que la nymphe porte sur sa tête est celui qu'on portoit dans les pro-

---

(1) Noɴɴ., *Dionys.*, lib. XVI, v. 1-405. Il bâtit en l'honneur de cette nymphe une ville dans les Indes nommée Nicée, près du fleuve Astacus. Noɴɴ., *loc. cit.;* Straʙ., pag. 563. Une autre tradition disoit que Bacchus eut de cette nymphe Satyre, et qu'il bâtit en sa mémoire Nicée, ville de Bithynie. Stephan., *De urbib.* Mem. *ap.* Phot., cap. 43. On voit des médailles de Néron sur lesquelles on lit d'un côté autour d'un autel Διονυσου κτησου, et au-dessus Νικαια.

(2) Mɪʟʟ., *Peint. de Vas. antiq.*, tom. II, pag. 60. Il cite à l'appui de son opinion l'apothéose d'Homère, où l'on voit l'*Iliade* qui tient une épée et l'*Odyssée* qui tient un ornement de vaisseau. *Museo Pio Clement.*, pl. B.

(3) Il étoit représenté en petit dans la citadelle d'Athènes. Pausan., *Attic.*, cap. 23.

(4) Apulée, *Metam.*, lib. XI.

(5) Stat., *Thebaid.*, lib. IV, v. 378.

(6) Tit. Liv., lib. XXXIX.

cessions de ce dieu[1], et sa situla contient l'eau lustrale. Enfin l'épée en sautoir n'est pas étrangère à Bacchus, comme toutes les armes, ainsi que l'indiquent les vers ci-dessus cités, et nous avons déjà vu que le bonnet phrygien appartenoit à son culte[2]. Ici le bonnet ressemble plutôt à celui de Pâris qu'à celui d'Ulysse.

PLANCHE LX.

Cette peinture représente un apothéose. Minerve et Mercure, ces introducteurs des nouveaux dieux, ainsi que nous l'avons vu[3], sont à la droite du nouveau venu; à sa gauche on voit une déesse qui lui verse le nectar qui va le rendre immortel. Ce n'est pas Hébé, c'est Erigone[4], comme l'indique le chien qui est à ses pieds[5]. Cette conjecture nous fait présumer que le héros de l'apothéose est Bacchus, quoique aucun attribut ne le caractérise[6].

On remarque encore sur ce vase Apollon Daphnéphore, dont la présence, comme nous l'avons dit ailleurs[7], n'étoit pas étrangère à la réception des nouveaux dieux. Le pelta ou bouclier d'amazone qui orne le champ de cette peinture, fait allusion aux conquêtes de Bacchus sur ces guerrières[8]; et les pierres ou bœtyles[9] qu'on y remarque aussi indiquent le changement qu'éprouva le culte de la religion ancienne. On représenta d'abord les divinités par des pierres brutes, ensuite par des statues[10].

(1) Plutarch., *De Divit. cupid.;* Valer. Flacc., *Argon.,* lib. II, v. 371.

(2) *Vid. supr.,* pag. 48, notes 6 et 7.

(3) *Vid. supr.,* pag. 40, note 5; pag. 50, notes 5, 6, 7.

(4) La mort tragique d'Icare que lapidèrent des paysans athéniens, auxquels il avoit fait goûter le jus de la vigne dont Bacchus lui avoit appris la culture; celle de sa fille Erigone qui se pendit de désespoir à cette nouvelle, et celle de leur chien Mœra qui périt de douleur sur le corps de son maître, sont des fables trop connues pour les répéter. Voyez Apollod., lib. III, cap. 14, §. 7; Hygin., *Fab.* 130; *Astron. poetic.,* lib. II, cap. 5; Nonn., *Dionys.,* lib. XLVII, *in Princip.*

Ovide prétend qu'Erigone fut une des maîtresses de Bacchus qui se changea en grappe pour la séduire:

Liber ut Erigonem falsa deceperit uva.
Ovid., *Metamorph.,* lib. VI, v. 125.

Toute cette famille devint des constellations. Icare fut le bootes et l'arcture, Erigone la vierge céleste, et le chien fut la canicule. Hygin., *loc. cit.;* Nonn., *ibid.,* v. 247-295.

(5) *Vid. supr.,* pag. 11, note 5. Si l'on suivoit le système que nous avons esquissé plus haut, pag. 50, note 5, cette planche n'offriroit pas l'apothéose d'un héros, mais la descente d'une ame sur la terre; car tous les accessoires de cette peinture ont rapport au cancer, comme la vierge céleste et le chien, ou Sirius, dont Mercure, gardien de la porte du Cancer, a emprunté le masque chez certains peuples. Plutarch., *De Isis et Osir.;* Serv., *ad Æneid.,* lib. IX, v. 698; Manil., *Astron.,* lib. I, v. 33; lib. II, v. 438.

(6) Le graveur a mis une épée à la main de ce dieu; mais l'objet qu'il tient est si défiguré sur le dessin qu'on ne sauroit le distinguer: c'est plutôt un bâton ou peut-être une férule.

(7) *Vid. supr.,* pag. 41, note 21.

(8) Plutarque en parle dans ses questions grecques, §. 16. Pausanias en dit aussi quelques mots. Pausan., *Achaic.,* cap. 3.

(9) C'étoit une espèce de pierre qui rendoit d'elle-même, comme un corps organisé, un son qu'on prenoit pour des oracles. Damasc., *apud* Phot., *Biblioth.,* cod. 242; *Pseud.* Orph., *De Lapid.,* v. 18 et seq. Sanchoniathon fait produire ces Bœtyles par Cœlus, *Apud* Euseb., *Præpar. evangel.,* lib. I, cap. 10, la première des divinités. Ce qui autorise à penser que c'étoient les pierres qui reçurent d'abord le culte des mortels.

(10) *Vid. supr.,* pag. 29, note 10.

PLANCHE LXI.

Les Athéniens furent les premiers qui firent des statues qui n'étoient autre. chose[1] qu'une colonne carrée surmontée d'un buste, et qu'on nomma *Hermès,* parceque ce fut Mercure que l'on représenta d'abord[2] ainsi; ce pourroit être cette divinité à laquelle dans notre peinture un faune, un ryton à la main, va faire des libations en présence d'une ménade qui tient un thyrse. L'énorme phallus que l'on voit attaché au milieu de l'hermès fortifie encore cette conjecture; car Mercure étoit souvent représenté d'une manière obscène[3]. Cependant comme il y eut d'autres divinités qui furent faites en hermés[4], il est possible que ce soit Pan, ou plutôt Priape, qu'offre la planche que nous expliquons. Diodore prétend que dans le ciste de Bacchus il y avoit une statue de Priape[5]; et d'après Aristophane il paroîtroit qu'il n'y avoit qu'un phallus[6]. «Avance un peu, canéphore, et toi, esclave, pose le phallus droit.» Notre peinture peut servir à mettre d'accord ces deux auteurs; c'est peut-être le Priape de Diodore avec le Phallus d'Aristophane.

PLANCHE LXII.

Ce charmant lectisterne est un repas qui est donné par quelque athlète vainqueur ou par ses parents[7], comme l'indiquent les figures sphériques qui ornent le champ de la peinture[8]. C'est le moment où la joueuse de flûte qu'on introduisoit généralement à la fin des festins[9] charme les convives.

Le triclinum[10] de ce vase soutenu par trois colonnes doriques est remarqua-

---

(1) Pausan., *Attic.*, cap. 24. Tous les peuples de la Grèce en firent ensuite à leur imitation, dit encore le même auteur. Pausan., *Mess.*, cap. 31. Il est plutôt à présumer que ce furent les premières statues que l'on fit; car les plus anciennes dont il est fait mention dans l'histoire étoient des bustes sur des colonnes comme la statue d'Apollon à Amyclée.

(2) Pausan., *Attic.*, cap. 24.

(3) Il y avoit une statue de ce genre à Cyllène, où il étoit honoré d'une manière toute particulière. Paus., *Elid.*, lib. II, cap. 24. *Mercuris... cujus obscenius excitata natura traditur, quòd aspectu Proserpinæ commotus sit.* Cicer., *De Natur. deor.*, lib. III, §. 22.

(4) On voyoit à Mégalopolis des hermès d'Apollon, de Minerve, de Neptune, et même du Soleil. Pausan., *Arcad.*, cap. 31. De Jupiter Ammon et d'une muse. *Ibid.*, cap. 32. Il y avoit à Tégée un Jupiter sous cette forme, Pausan., *ibid.*, cap. 48; et à Tricolons un Neptune. *Ibid.*, cap. 23. Pausanias observe que les Arcadiens affectionnoient beaucoup ce genre de statue. Pausan.,

Arcad., cap. 48. Mais ce n'étoit pas le seul pays où il y en eût. A Sicyone, par exemple, il y avoit un Hercule en hermès. Pausan., *Corinth.*, cap. 10. Il y a dans Hancarville des hermès avec des phallus; mais les têtes sont barbues, et l'objet obscène est petit. Hancarv., tom II, pl. LXXII et XCVII Ce seroit le Mercure Agoréus s'il avoit le pétase.

(5) Diodor., lib. IV, §. 6.

(6) Aristophan., *Acharn.*, v. 241 et 242.

(7) C'est un usage dont fait mention Xénophon, et qui a servi de base à son Symposion.

(8) *Vid. supr.*, pag. 62, note 3.

(9) Xenoph., *Sympos. in princip.*; Athen., lib. XV, cap. 1.

(10) Dans l'origine on ne donnoit ce nom qu'au lit destiné à contenir trois personnes; dans la suite il désigna toutes sortes de lits:

Sæpe tribus lectis videas cænare quaternos.

Horat., lib. I, satyr. iv, v. 86.

38

ble, parceque les convives ne reposent pas sur des matelas, ce qui indique une haute antiquité[1]. Sur une des tables où sont les mets, on distingue deux grenades[2], ce qui indique que l'athlète n'a pas été couronné à des jeux sacrés. Enfin il ne faut pas passer sous silence une particularité bien curieuse; c'est que le ryton à la tête de cheval que tient un des convives, épanche une liqueur blanche dans une patère, et que cette liqueur sort par le pied du cheval. Ce qui nous apprend la manière dont on se servoit du ryton.

PLANCHE LXIII.

Cette peinture représente le départ de Triptolème; nous en avons parlé à la planche XL.

PLANCHE LXIV.

Dans les Dionysiaques on exécutoit des danses régulières et militaires, mais on tenoit des vases au lieu de bouclier[3], comme la belle bacchante de notre peinture que l'artiste lui-même a nommée ΚΑΛΗ[4], la Beauté. On se lançoit des thyrses en forme de traits[5], circonstance indiquée sur notre vase par le thyrse qui est aux pieds de cette même femme.

Sans doute la superbe bacchanale que nous expliquons est une scène des Dionysiaques. Cinq satyres, dont quatre sont couronnés de lierre, attaquent une bacchante qui se défend de la manière dont on se défendoit dans ces fêtes. Le champ de cette peinture est semé de lauriers[6] que nous avons vus consacrés à Bacchus, et de pins qui ne lui étoient pas moins chers[7].

De cinq satyres il y en a deux dont l'artiste nous a transmis le nom; l'un est ΚΩΜΟΣ[8], si célèbre dans les Triétiques; l'autre se nomme ΝΑΥΟΙΝΟΣ[9]. Enfin

---

(1) Dans l'origine les lits n'étoient que des monceaux d'herbes et de feuillages sur lesquels on étendoit des peaux de bêtes. PLIN., lib. VIII, cap. 48. On les éleva ensuite de dessus terre, et ces lits s'appelèrent κλιναι. POLL., *Onom.*, lib. VI, cap. 1, §. 9. Mais ils n'y étendoient encore que des peaux de bêtes :

     Εκ δ' ετανυσσα ιμαντα βοος φοινικι φαεινην.
               HOMER., *Odyss.*, lib. XXIII, v. 201.

Ce ne fut que dans la suite qu'on mit des matelas. Notre peinture prouve encore que l'invention des coussins précéda celle des matelas.

(2) PORPHYR., *De Abstin.*, lib. IV, §. 16.

(3) DEMOSTHEN., *in Mid.*, pag. 632; ATHEN., lib. XIV, pag. 631.

(4) Les Grecs faisoient tant de cas de la beauté qu'ils en ont fait une divinité; elle étoit aussi connue chez les Romains : son nom est *Ora* ou *Hora*. NONN., cap. 2,

n. 394. Cet auteur cite à l'appui ce vers d'Ennius:

     Tu, Quirine pater, veneror horamque Quirini.

(5) DEMOSTH., *loc. cit.*; ATHEN., *ibid.*

(6) *Vid. supr.*, pag. 71, note 5.

(7) C'étoit en pin qu'étoient faites les torches qu'on élevoit en honneur de Bacchus Zagrée. NONN., *Dionys.*, lib. XLVII. D'ailleurs cet arbre étoit consacré à Cybèle, dont le culte se rattachoit à celui de Bacchus.

(8) Comos. Ce n'est autre chose que la débauche personnifiée :

     Αυτος δ' ηνικα τον τριετη και Κωμον εγειρει,
     Εις υμνον τρεπεται συν ευζωνοισι τιθηναις.
             ORPH., *Hymn. ad Amphiet.*, v. 5.

(9) Les vases nous ont appris le nom de plusieurs satyres; celui de κωκαλος, TISCH., tom. I, pl. XXXIII; et celui d'οινος. *Ibid.*, tom. II, pl. XLIV. Comme la fin du nom d'un de nos satyres, Οινος, est à lui seul celui du

l'on voit d'un côté une panthère, l'animal de Bacchus, et de l'autre trois boules placées en triangle, soit comme symbole de la divinité[1], ou comme symbole d'un objet vénéré dans les mystères anciens[2], ou de la triade mystique.

Il y a peu de peintures antiques qui joignent à un si haut degré que celle-ci la perfection du dessin et de la composition, à l'élégance des formes et à la hardiesse du contour.

PLANCHE LXV.

Un hymne d'Orphée nous représente Bacchus Amphiétique réveillant Comus[3], et dansant en chœur avec les Saisons :

Ευαζων, κινων τε χορους ενι κλυκλασιν ωραις[4].

Notre peinture qui se recommande par de nombreuses inscriptions représente, à la danse près, le même sujet. Bacchus, ΔΙΟΝΥΣΟΣ, sous la forme d'un beau jeune homme, tenant un thyrse d'une main et un canthare de l'autre[5], couronné du strophion[6] et de laurier[7], est assis sur un rocher. Au bas est un autel du héros[8]; devant lui est l'Amour, le dieu du desir, ΙΜΕΡΟΣ[9], qui vient lui offrir un collier de corymbe. Près de là est une nymphe qui lui offre des gâteaux; c'est ΟΠΩΡΑ[10], l'Automne, comme l'indique l'inscription; derrière elle est le dieu de la débauche, le satyre ΚΩΜΟΣ[11].

Parmi les autres nymphes qui environnent Bacchus, on en distingue une qui tient un flambeau d'une main, et un ryton de l'autre; l'inscription la nomme ΕΙΡΗΝΗ, la Paix[12]. Or c'est le nom d'une des trois anciennes Saisons[13].

satyre de Tischbein, il est probable que cette inscription renferme le nom des deux satyres de gauche.

(1) Le nombre trois étoit regardé comme sacré chez les anciens, parcequ'il représentoit le commencement, le milieu et la fin :

> *Numero Deus impare gaudet.*
> Virg., *Eglog.* viii, v. 65.

(2) Le triangle étoit le symbole du κτεις, ou parties naturelles de la femme. Euseb., *Præp. evang.*, lib. III, cap. 7. Le κτεις étoit un objet de vénération publique pendant les Thesmophories, Theodor., *Therap.*, serm. iii et iv; et aux fêtes d'Eleusis. Meurs., *in Eleusin.*

(3) Orph., *Hymn. in Amphiet.*, v. 1-6.

(4) *Ibid.*, v. 7.

(5) *Vid. supr.*, pag. 17, note 3.

(6) *Vid. supr.*, pag. 52, note 3.

(7) *Vid. supr.*, pag. 71, note 2.

(8) Ce sont ceux que les Grecs appeloient Εσχαραι; ils n'avoient qu'un pied de haut. *Schol.* Eurip., *in Phœniss.* Ceux des dieux célestes, Θεον ουρανον, avoient quelquefois vingt pieds d'élévation. Pausan., *Elid.*, lib. I, cap. 13.

(9) *Vid. supr.*, pag. 71, note 4.
> Ως σεο νυν εραμαι και με γλυκυ Ιμερος
> Αιρει.
> Homer., *Iliad.*

Il étoit aussi fils de Vénus. Παιδε γαρ μοι εστιν δυο καλω Ιμερος και Ερος. Lucian., *Dear. judic.*

(10) Οστις εων καλος ειχεν Αφροδιτας
> Ευθρονου μναστειραν οπωραν.
> Pindar., *Isthm.*, od. ii, v. 7.

(11) *Vid. supr.*, pag. 76, notes 6 et 7.

(12) Elle étoit considérée comme la déesse de la paix et de l'agriculture. Call., *Hymn. in Cere.*, v. 135 et seq.
> *Interea pax arva colat, pax candida primum*
> *Duxit araturos sub juga curva boves.*

Voyez la note suivante.

(13) Ωραι θυγατερες Θεμιδος και Ζηνος ανακτος
> Ευνομιη τε Δικη τε και Ειρηνη πολυολβε.
> Orph., *Hymn. in Hor.*, VI.

> . . . . . Ζευς . . . .
> Δευτερον εγαγετο λιπαρην Θεμιν, η τεκσεν Ωρας
> Ευνομιηντε, Δικηντε και Ειρηνην τεθαλυιαν.
> Hesiod., *Theog.*, v. 901.

Phornutus parle aussi de ces trois saisons ainsi qu'Apollodore, lib. I, cap. 3.

Ce nom servira à nous faire connoître celui de la nymphe qui, sur le même plan que la Paix, est placée derrière Iméros, l'Automne et Comus, et ne porte aucun attribut; l'inscription qui est au-dessus de sa tête la nomme ΔΙΝΟΝΟΗ, d'un esprit profond. Comme on ne connoît aucune nymphe de ce nom, nous pensons que le dessinateur n'a pas bien copié ce mot, et qu'il faut lire ΔΙΚΟΝΟΗ, esprit de la justice; car Δικη[1], la Justice, étoit une des saisons avec Ειρηνη. Au-dessus de la nymphe qui est derrière Bacchus et qui présente des fruits, on lit ΙΟΜ, mot évidemment corrompu; c'est peut-être ΙΟΝΗ[2], Naïade, qui n'est pas déplacée dans la compagnie de Bacchus, qui étoit le chef de ces filles de la mer[3]; c'est peut-être ΙΟΝ, le nom d'une fleur, la violette, que l'on peut avoir donné au printemps, ou plutôt c'est la moitié du mot ΕΥΝΟΜΙΑ[4], Eunomie, nom de la troisième saison; car dans l'origine les Saisons ne furent que trois comme les Graces: l'année égyptienne qui passa chez tous les peuples n'en admettoit que ce nombre[5]. L'artiste pour se conformer aux idées reçues dans son temps aura ajouté à Eunomie, Eiréné et Diconoé, une quatrième saison, qu'il a nommée l'Automne, Οπωρα.

L'inscription qui se trouve au-dessus du satyre qui est auprès d'Eiréné est le nom de ce satyre[6], ΗΔΥΟΙΝ ou ΗΔΥΟΙΝ, car l'inscription n'est pas bien fidèle. Il est à remarquer que chaque saison a un faune auprès d'elle. Si les anciens nous avoient appris clairement quelles saisons nouvelles correspondent aux trois anciennes, on pourroit déterminer quelles sont les différentes fêtes qu'indiqueroient ces satyres; mais ceci demanderoit une dissertation qui passeroit les bornes d'une simple explication.

Enfin, le chien qui se trouve au-dessous de l'autel de Bacchus est sans doute le Sirius, le chien d'Erigone[7], et indique que le Dionysos de cette peinture est le soleil du solstice d'été ou de la canicule.

La bacchanale qui est au-dessous représente un faune poursuivant une bacchante qui se défend, et derrière lequel est une autre bacchante qui se lamente et fait des contorsions.

(1) *Vid. supr.*, note 11. En faisant dériver cette terminaison νοη, de νοος, νους.

(2) Apollod., lib. I.

(3) D'autant plus que, dans l'hymne qui sert comme de texte à notre explication, les naïades accompagnent les Saisons. Orph., *Hymn. ad. Amphiet.*, v. 6. Ce vers est cité ci-dessus, pag. 76, note 5. Les rapports de Bacchus avec les divinités de la mer sont suffisamment connus.

(4) *Vid. supr.*, note 11. Le prétendu I ne seroit que le dernier jambage du N.

(5) Diod., lib. I, §. 8 et 9. Pausanias admet également trois saisons; mais il les nomme *Carpo, Pandrose* et *Thallo*. Pausan., *Beotic.*, cap. 35.

(6) *Vid. supr.*, pag. 76, notes 6 et 7.

(7) *Vid. supr.*, pag. 11, note 5; et aussi pag. 74, note 3.

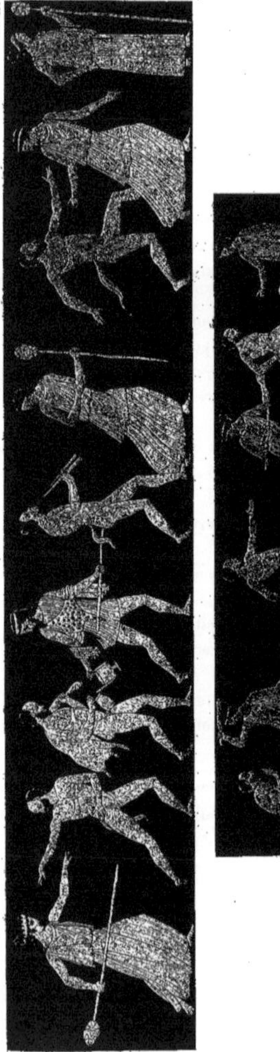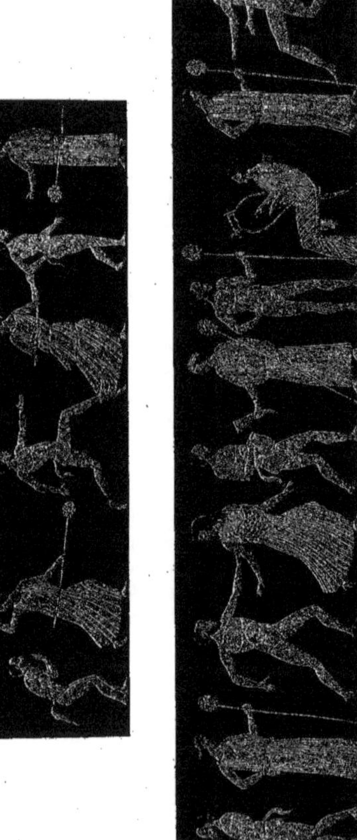

Sujets d'un Vase de la même forme.

Sujet d'un Vase de la forme N.º 12.

Autre Sujet du même Vase.

Sujet d'un Vase de la forme N.º 26.

Autre Sujet du même Vase.

Sujet d'un Vase de la forme N.º 4.

Sujet d'un Vase de la même forme.

Sujet d'un Vase de la même forme.

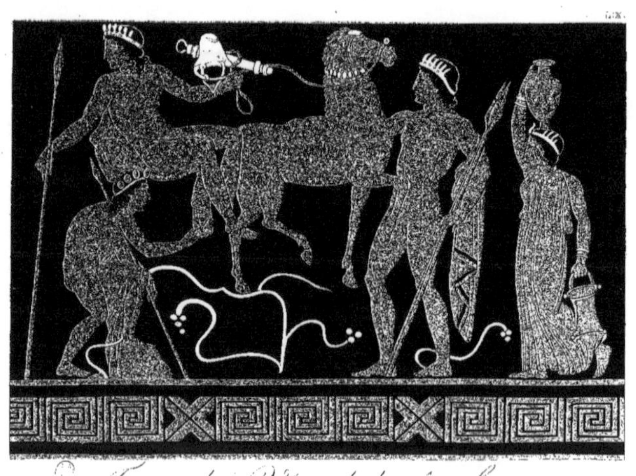

Figures d'un Vase de la même forme.

Sujet d'un Vase de la même forme.

Sujet d'un Vase de la même forme.

Sujet d'un Vase de la même forme.

Sujet d'un Vase de la forme N.º 17.

Sujet d'un Vase de la forme N.º 3.

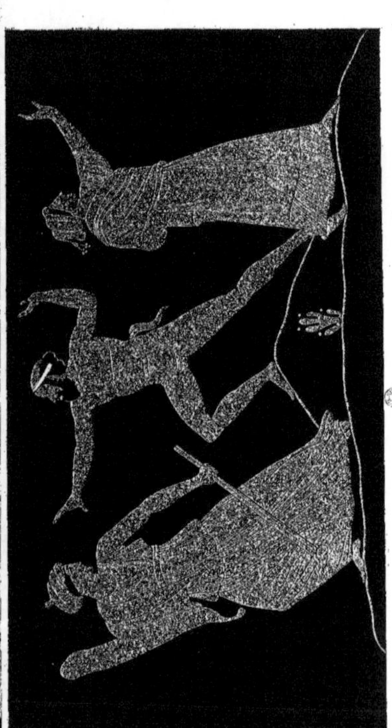

Sujet d'un Vase de la même forme.

XV

PLANCHE LXVI.

Cette bacchanale est du genre de celle que nous avons expliquée plus haut à la planche XXXII. On voit une joueuse de flûte précédée d'un initié qui tient une bandelette d'une main, tandis que l'autre est enveloppée de son manteau; l'air grave et majestueux de cet homme, dont le menton est ombragé d'une barbe épaisse, pourroit faire croire que c'est un hiérophante[1]. De l'autre côté, on remarque un autre initié, à longue barbe, un flambeau à la main comme un dadouque[2]; il suit le groupe de danseurs, composé de la joueuse de flûte, de l'hiérophante, et d'un beau jeune homme, dont la couronne n'est pas ornée de feuilles de lierre. Enfin, auprès de l'hiérophante est un autre jeune homme qui tient une bandelette à la main, et semble examiner cette danse.

Au haut de cette peinture, il y a un buste; c'est ordinairement celui d'une divinité, qui est ainsi représentée[3]. Ici, ce ne peut être que Bacchus qui assiste à une de ses fêtes.

PLANCHE LXVII.

Un faune du genre de ceux qu'on appelle *hirsuti*[4], à barbe et à cheveux blancs, peut-être Silène, est assis sur un autel à trois degrés; il tient d'une main un thyrse, et de l'autre une couronne de myrte. Sa position annonce une expiation[5]; la bandelette qui est suspendue à l'autel confirme cette conjecture: l'œuf

---

(1) C'est le nom qu'on donnoit ordinairement à tous ceux qui présidoient aux cérémonies mystérieuses et aux ministres supérieurs de chaque divinité. VANDAL., *De Consil. Amplict.*, cap. 5. Son habit, sa chevelure, le distinguoient des autres prêtres; son âge, sa gravité, les traits nobles de sa figure et sa magnificence, concouroient à lui concilier le respect des spectateurs. ARRIAN., *in Epict.*, lib. III, cap. 21; PHILOST., *Vit. Soph.*, lib. II, cap. 20.

(2) C'est le nom qu'on donne à tout lampadophore, mais principalement au second ministre d'Éleusis. EUS-TATH., *ad Homer.*, *Iliad.*, lib. I, v. 279. Ici ce n'est pas ce personnage éminent; il n'a pas sur la tête des bandelettes arrangées en forme de diadème. PLUTARCH., *Aristid. Vit.*

(3) Voyez MILL., *Peintures de Vases antiq.*, tom. I, pl. III et pl. L.

(4) Il y avoit en Grèce deux statues de Bacchus; l'une velue, Bacchus Brisæus; l'autre sans poil, Bacchus Lenæus. Il pouvoit donc y avoir des faunes avec ces mêmes attributs. Voyez TISCHB., tom. I, pl. XXX.

(5) Celui qui vouloit être expié s'asseyoit sur l'autel.

orphique[1] qui se trouve aussi sur ce même autel indique que cette expiation précède l'initiation. En effet, au-devant de lui est un beau jeune homme vêtu d'une *syrma*[2]; il est couronné de myrte; il fait retentir un *tympanum*, et danse autour de lui, ce qui avoit lieu toujours après l'initiation aux petits mystères[3].

Peut-être est-ce Bacchus qui initie son père nourricier Silène.

PLANCHES LXVIII ET LXIX.

Ce double sujet d'une patère échappe à toute analyse; c'est un jeu entre un vieillard impudique et deux jeunes gens, dont les postures sont peu décentes. De semblables objets étoient ordinairement représentés sur les coupes et les vases à boire des anciens, ainsi que l'assure Pline. *Didicit homo naturam provocare. Auxere et vitiorum irritamenta. In poculis libidines cælare juvit, ac per obscenitates bibere*[4].

PLANCHES LXX, LXXI, LXXII.

La planche LXX est la peinture d'un seul vase; les deux autres planches appartiennent toutes deux à une seule patère. Ainsi il est à remarquer que sur le vase comme sur la patère, il y a quatre yeux; observation qui ne sera pas inutile pour saisir l'explication de ces sujets.

L'œil étoit le symbole d'Osiris. Si nous en croyons même Diodore de Sicile[5], et plusieurs auteurs recommandables[6], le nom d'Osiris signifioit qui a plusieurs yeux; aussi représentoit-on ce dieu par un œil placé au bout d'un sceptre[7]. Si nous en croyons le même auteur, les Grecs firent allusion à cette dénomination en traduisant ce nom d'Osiris par Dionysos[8]; ainsi Bacchus ou le Soleil, comme Osiris, voudroit dire qui a plusieurs yeux : et s'il y eut en Égypte la fête des yeux en honneur d'Osiris[9], et d'Orus son fils, premier sacrificateur

---

Diod., lib. XI; Tibull., lib. IV, eleg. 12. Homère parle aussi de cet usage, lorsqu'Ulysse se réfugie aux foyers d'Antinoüs : c'étoit alors pour chercher un asile. Voyez Plutarch., *Vit. Coriolan.* et *Vit. Themistocl.*

(1) *Vid. supr.*, page 13, note 7.

(2) C'étoit une robe longue qui n'avoit pas plus de largeur que l'épaisseur du corps. Poll., *Onom.*, lib. VII, §. 69. Martial en fait mention, lib. XII, epig. 96; lib. IV, epig. 49.

(3) Dion. Chrysostom., *Orat.* XII.

(4) Plin., lib. XXXIII, §. 2. Ce témoignage est confirmé par Lampridius. *Vasa deinde centenaria sculpta, et non nulla schematibus libidinosissimis inquinata. In* Elagabal., pag. 107. Ainsi que par cette char-

mante épigramme de l'Anthologie, lib. IV, cap. 18 :

Εν κυαθω τον ερωτα ; τινος Χαριν ; αρκετον οινω Θεσθαι κραδιην · μη πυρι πυρ επαγε.

Enfin, on trouve dans Juvénal., sat. 11, v. 95 :

Vitreo bibit ille Priapo.

(5) Diodor., lib. I, §. 11.

(6) Plutarch., *De Isid. et Osir.*, §. 10; Macrob., *Saturnal.*, lib. I, §. 11.

(7) Plutarch., *loc. cit.;* Macrob., *loc. cit.*

(8) Dion., *loc. cit.;* Macrob., *ibid.* Il est à remarquer que ces deux auteurs citent les mêmes vers d'Orphée qui confirment leur opinion. C'est pourquoi, dit le chantre des mystères, on appelle ce dieu *Phanes* ou *Dionysos.*

(9) Plutarch., *De Isid. et Osir.*, §. 50.

du Soleil, les monuments que nous publions nous apprennent que ce symbole de la divinité solaire, qui voit tout, n'étoit pas négligé chez les Grecs.

En effet, les planches LXXI et LXXIII rentrent parfaitement dans l'explication que nous avons donnée aux planches LII et LIII[1]. Sur la première, Bacchus, entre deux yeux énormes, est monté sur un âne à long phallus; à sa gauche est un satyre à genoux qui marque le principe passif, tandis qu'à sa droite est le satyre au principe actif.

De même, sur la planche LXXII, Bacchus, un canthare à la main, couché sur un lit au-dessous duquel est le chien d'Érigone, se trouve entre deux yeux moins dilatés que les précédents, au-delà desquels sont deux satyres dans la même position que les précédents: ils ont seulement changé de place, parceque Bacchus est retourné.

Nous avons dit que Bacchus étoit le dieu de la génération; mais c'est principalement comme soleil que cet attribut lui appartient. Or, il faut se rappeler la division que les anciens faisoient du ciel en deux parties, l'une supérieure et l'autre inférieure[2]. La première étoit celle pendant laquelle le soleil vivifioit la nature; c'étoient les saisons de la génération, pendant ce temps le soleil croissoit. La partie inférieure étoit celle des deux autres saisons, pendant lesquelles cet astre s'éloignoit. Bacchus, dieu du vin, étoit censé présider plus particulièrement à cette dernière partie[3].

D'après ces principes, il nous paroit évident que la planche LXXI représentant Bacchus, dieu de la génération, les deux yeux indiquent les deux saisons auxquelles il présidoit en cette qualité; et que ceux de l'autre peinture indiquent les autres saisons. En effet, ici il tient le canthare, symbole du vin. Cette explication nous semble d'autant plus plausible, que les Égyptiens célébroient au solstice d'été la fête des yeux, et qu'à l'équinoxe d'automne ils célébroient celle de la naissance des bâtons du soleil, parceque, dit Plutarque, sa lumière s'éloignant obliquement de nous et sa chaleur diminuant, il a besoin de soutien[4]. Or, nous avons vu qu'Osiris étoit représenté par un œil et un bâton; ainsi la division de ces deux fêtes se rapporte parfaitement à la division que nous avons donnée aux deux peintures que nous expliquons.

Quant à la planche LXX, il y a quatre yeux séparés par une feuille de lierre.

(1) Ces peintures sont presque la répétition des planches LIV et LV.

(2) Macrob., *Saturnal.*, lib. I, cap. 18.

(3) *Ibid.* C'étoit Apollon qui ordinairement étoit censé à la tête du printemps et de l'été. *Ibid.* Aussi revenoit-il toujours au printemps à Délos. Voyez Virgil., *Æneid.*, lib. IV, v. 43, et Serv., *ad h. loc.* Nous avons vu que l'éloignement et le retour du soleil et les autres vicissitudes périodiques de la nature, le froid et le chaud, le renouvellement et la destruction de la végétation, étoient envisagés comme produits par la rivalité des deux principes. Diogen. Laert., lib. VIII, pag. 583.

(4) Plutarch., *De Isid. et Osir.*, S. 50.

Entre ceux de droite est un centaure qui sort du premier œil. Nous avons vu que cet être, quel qu'il soit, étoit attaché à la suite de Bacchus [1], et qu'il représentoit la débauche et la violence. Entre les deux autres yeux est une ménade assise; elle est à gauche, et, comme femme [2], elle représente encore le principe passif de la nature. Ces deux derniers yeux représenteront donc les saisons de la partie inférieure du ciel, tandis que les autres indiqueront celles de la partie supérieure.

PLANCHES LXXIII ET LXXIV.

La première de ces deux planches représente une Minerve [3] prête à lancer un javelot; elle est couverte d'un grand bouclier rond et d'une cuirasse artistement travaillée; elle se trouve entre deux colonnes surmontées chacune d'un coq.

L'autre offre le tableau de la lutte, ou plutôt du pancrace : deux athlètes en sont aux mains; l'un a saisi son adversaire par la jambe, et va le frapper d'un coup de poing terrible; celui-ci est prêt à le frapper également. D'un côté des combattants est le gymnasiarque [4] ou mastygophore [5] une baguette à la main; de l'autre est un second athlète qui va prendre la place du vaincu [6].

Il seroit impossible de trouver l'analogie qui existe entre ces peintures qui forment les deux côtés d'un même vase, sans un vase publié par M. Millingen [7]. On y voit, d'un côté, une Minerve grossièrement dessinée, mais parfaitement ressemblante pour l'attitude, le geste et le costume à celle de notre peinture. On n'y remarque pas les deux coqs sur des colonnes; mais on lit cette inscription d'un Grec bien ancien, ΤΟΝ ΑΘΕΝΕΟΝ ΑΘΛΟΝ ΕΜΙ, qu'on peut traduire ainsi : Τῶν Ἀθηναιων αθλον ειμι [8]. *Je suis le prix des Athénées* [9]. Ce vase est donc un de ceux

(1) *Vid. supr.*, page 34, note 4.

(2) Porphyr., *Vit. Pythagor.*, pag. 25; Plutarch., *De Isid. et Osir.*, S. 52.

(3) Elle est vêtue comme la représentent Homère, *Il.*, v. 333 et 430, etc.; et Hésiod., *Theog.*, v. 925 et seq.

(4) C'étoit celui qui avoit l'intendance du gymnase qui en régloit souverainement la police, et qui étoit l'arbitre suprême des récompenses et des châtiments. Plaut., *Bacchid.*, acte III, scène 3, v. 20-23. Pour marque de son pouvoir discrétionnaire à ce sujet, il avoit le droit de porter une baguette. Plutarc., *Vit. Auton.*

(5) C'étoit celui que le gymnasiarque chargeoit de porter la baguette devant lui, et auquel il ordonnoit souvent de frapper les athlètes qui ne faisoient pas bien leur devoir. Lucian., *Hermotim. vel de sect.*

(6) Le jour du combat, chaque athlète tiroit sa boule de l'urne, qui en contenoit autant qu'il y avoit de combattants. Un mastigophore l'empêchoit de voir son sort jusqu'à ce que tous eussent tiré. Alors, les juges les appareilloient, opposant l'un à l'autre ceux qui avoient tiré une même lettre. Lorsque le nombre étoit impair, celui qui avoit eu la lettre unique étoit en réserve pour combattre le vainqueur. Lucian., *loc. supr. citat.* Cet athlète se nommoit Εφεδρος. Plutarch., *Vit. Pompei.*

(7) *Inedit. Monum.*, tom. I, pl. I.

(8) Dans l'ancien attique, ε est souvent mis pour αι. On lit dans Euripide Ἀκταιονος, Bacch., v. 230, et Ακταιο-νος, v. 337, au lieu de Ακταιωνος. Quant aux autres différences, on trouve souvent sur les anciens monuments, et particulièrement sur les vases, ε et ο employé pour η et ω.

(9) Fêtes en l'honneur de Minerve, qui furent appelées dans la suite *Panathénées*. Apollod., lib. III, cap. 14; Pausan., *Arcad.*, cap. 2; *Chrono. Par.*, epoch.

Sujet d'un Vase de la forme N.º 3.

Sujet d'un Vase de la même forme.

Sujet de la Patère ci-dessous.

Autre Sujet de la même Patère.

Patère.

Sujet d'un Vase de la forme N.º 40.

Sujet d'une Patere.

Autre Sujet de la même Patere.

Sujet d'un Vase de la forme N.º 12.

Autre Sujet du même Vase.

qu'on donnoit à Athènes à ces grandes solennités; il étoit plein d'huile[1], et étoit remporté par les vainqueurs aux exercices gymnastiques qui avoient lieu.

Une autre analogie entre notre peinture et celle du vase que nous citons, c'est que, sur le revers de ce dernier, on voit un homme conduisant un char dans l'arène, et que le nôtre offre une lutte : celui-là aura été donné au vainqueur de la course aux chars; celui-ci au vainqueur à la lutte.

Enfin, les deux coqs favorisent cette conjecture. Cet animal étoit consacré à Minerve[2], et c'étoit particulièrement à Athènes où des combats de coqs avoient lieu dans une solennité établie en l'honneur de ces animaux[3]. Cette ville représentoit quelquefois un coq orné d'une palme comme son symbole distinctif[4].

10. Elles furent instituées par Erichtonius, fils de Minerve et de Vulcain. Pausan., *Attic.*, cap. 14; Hygin., fab. 166. Quand Thésée réunit les bourgs de l'Attique en une seule ville, alors ces fêtes prirent le nom de *Panathénées*. Pausan., *Arcad.*, cap. 62; Plutarch., *Vit. Thes.* Ces dernières ne se célébroient que tous les cinq ans, et les autres tous les ans. Voyez *Meurs. Panathén.* Des auteurs prétendent que les grandes Panathénées furent établies par Pisistrate.

(1) Pindar., *Nem.*, od. x, v. 61-8. On voit dans Tischbein la Victoire qui présente un de ces vases à un jeune homme vainqueur à la course aux chevaux. Tom. IV, pl. XLVI.

(2) Aussi la Minerve d'Elis avoit-elle un coq sur son casque. Pausan., *Elid.*, lib. II, cap. 26.

(3) Thémistocle ayant par une allusion aux combats des coqs relevé le courage chancelant des Athéniens, ces peuples instituèrent une fête en honneur de ces animaux. Cette fête étoit principalement célébrée par des combats de coqs, auxquels les jeunes gens devoient assister. Ælian., *Hist. var.*, lib. II, cap. 28.

(4) Voyez *Pierres gravées* du duc d'Orléans, p. 172. On voit des combats de coqs sur des médailles de Dardanius. L'Amour y préside souvent. *Coll. de Stosch.*, 1re classe, nᵒˢ 696, 697. Ils ont lieu souvent devant la statue du dieu Terme, au piédestal duquel sont attachées les palmes destinées aux vainqueurs.

Il paroît qu'avant de les faire combattre on les nourrissoit d'ail. Xenoph., *Sympos.* Aussi sur la vignette, nᵒ XV, voyons-nous deux coqs qui se détachent sur un fond blanc où l'on a représenté plusieurs de ces légumes d'une grosseur énorme.

XVI.

PLANCHE LXXV.

Une ancienne tradition faisoit monter Hercule au ciel dans un quadrige; c'est la tradition qu'Ovide a suivie. Il dit en parlant de l'apothéose de ce héros:

> *Quem pater omnipotens inter cava nubila raptum*
> *Quadrijugo curru radiantibus intulit astris* [1].

Plusieurs monuments de l'antiquité confirment cette tradition, et nous représentent ainsi l'apothéose du demi-dieu thébain [2].

De même sur notre peinture, Hercule [3], dépouillé de sa peau de lion, mais toujours armé de sa terrible massue, est monté sur un char à quatre chevaux. Il se retient à la barre de son quadrige; auprès de lui est une femme qui étend ses ailes : ce pourroit être la Victoire; mais comme c'est Jupiter qui, selon Ovide, a envoyé le quadrige à son fils, il est plus probable que ce soit Iris [4], la fidèle messagère de ce dieu, qui conduit ses coursiers, d'autant que l'autre messager du père des dieux et des hommes, Mercure, son caducée à la main, précède le char.

Les chapiteaux de colonnes qui ornent la partie supérieure de notre peinture indiquent que ce sujet a été pris de quelques frises ou frontons de temples; peut-être ne sont-ils qu'un symbole du culte qui fut rendu au dieu dont l'artiste représentoit l'apothéose.

PLANCHE LXXVI.

Cette charmante peinture à fond jaune représente un homme qui monte sur un char traîné par quatre chevaux [5], tandis qu'une femme le harangue. Si cet homme étoit armé, on pourroit supposer que c'est le départ de Memnon ou d'Achille, ou de tout autre héros, que la tendresse d'une mère a autant im-

---

(1) *Metamorph.*, lib. IX, v. 172.

(2) Sur un superbe vase publié par Millengen, Hercule, dans la même attitude que le nôtre, se tenant à la barre de son char, traîné par quatre chevaux, est auprès de Minerve, qui conduit les coursiers fougueux : Mercure les précède. Ce sujet, entouré d'autres accessoires, ne forme que la partie supérieure de cette peinture. Millingen., *Collect. de vas.*, pl. XXXVIII. Dans les vases peints de Millin, on trouve la même peinture que nous publions; seulement on ne remarque pas comme sur notre vase les deux chapiteaux de colonnes. Mill., tom. II, pl. XVIII.

(3) Ce n'est pas Hercule, Στερφοπεπλον, qui a pour vêtement une peau. Lycophr. Alexandr., v. 652. Souvent ce héros est représenté sans cette peau formidable.

Plin., lib. XXXIV, cap. 8. En effet, les plus anciennes traditions lui donnoient les mêmes armes qu'on donnoit aux autres guerriers, un casque, une cuirasse, des cnémides, un bouclier, une épée, etc. Hesiod., *Scut. Hercul.*, v. 124 et seq.; Sophocl., *Philoct.*, v. 733; Euripid., *Ion.*, v. 190, 191. Athénée nous apprend que ce fut Stersichorus qui donna le premier la peau de lion et la massue à Hercule. Liv. XII, p. 512. Strabon lui fait donner ce dernier attribut par un autre. lib. XV, v. 1009.

(4) *Vid. inf.*, page 89, note 1.

(5) Ce qui est étonnant, c'est qu'il n'y a qu'un seul cheval de blanc; ordinairement ou ils sont tous d'une couleur, ou ils sont accouplés deux à deux de différentes couleurs.

mortalisé que ses propres exploits; mais, au contraire, il est vêtu d'une tunique blanche recouverte d'un ample manteau, et sur sa tête on distingue la coiffure que l'on voit aux prêtres de Bacchus. Ce costume nous semble indiquer Thoas, que la tendre et touchante Hypsipyle entretient au moment où elle le sauve.

Les femmes de Lesbos, quelque temps avant l'arrivée des Argonautes, jurèrent de mettre à mort tous les hommes de l'île, et exécutèrent cette barbare résolution. Hypsipyle seule sauva la vie à son père[1], en le cachant dans le temple de Bacchus ; et lorsqu'elle crut apercevoir le moment favorable de le faire évader, elle le revêtit du costume du grand-prêtre de la divinité dans le temple de laquelle elle l'avoit dérobé à tous les regards, et elle-même le fit monter sur le char qui devoit le conduire au vaisseau qui l'attendoit:

Vestesque Lyæi
Induit et medium curru locat . . . .[2].

C'est cette scène de piété filiale qui a exercé sans doute le pinceau de l'artiste.

PLANCHE LXXVII.

Deux vieilles femmes, chacune montée sur un taureau et placée entre deux colonnes, forment le sujet singulier que nous expliquons.

Ce ne peut être que deux prêtresses qui se rendent au temple, non pas pour sacrifier aux dieux le taureau qui les porte, comme le pense un auteur qui a publié un vase qui a quelque analogie avec celui-ci[3], mais pour faire un sacrifice quelconque. En effet, c'étoient des bœufs qui conduisoient au temple les prêtresses de certaines divinités, comme celles de Junon d'Argos, ainsi que le prouve la touchante histoire de Cléobis et de Biton[4]. Il est vrai que de ce temps ces animaux étoient attelés au char de la prêtresse; mais il est probable qu'avant l'invention des chars, ils la portoient sur leur dos de la manière que l'indique notre peinture.

Les colonnes indiquent que les prêtresses sont entrées dans le temple.

(1) On peut consulter sur cette fable Stat., lib. IV, v. 739 et seq.; et *passim,* lib. V; Valer. Flacc., lib. II, v. 90; Ovid., *Heroid.,* ep. 6; Propert., lib. I, eleg. 15, v. 18; *Hyg.,* fab. 15.

(2) Valer. Flacc., lib. II, v. 365.

(3) Mill., *Peint. de vas.,* tom. II, pl. XII.

(4) Ils étoient fils de Cydispe, prêtresse de Junon à Argos. Comme les bœufs qui devoient conduire leur mère au temple n'arrivoient pas, et que la peine de mort étoit le châtiment qui menaçoit la prêtresse qui ne faisoit pas le sacrifice à l'heure voulue, ils s'attachèrent eux-mêmes au joug, et conduisirent Cydispe au temple au milieu des applaudissements universels. Herod., lib. I, § 31; Hygin., fab. 254. Ce dernier les nomme *Cleope* et *Bitias. Ibid.* Voyez Pausan., *Corinth.,* cap. 20; Serv. *ad Virg., Georg.,* lib. III, v. 532.

PLANCHE LXXVIII.

Une femme ailée, couronnée d'une bandelette et de laurier, et richement
vêtue, semble retenir un taureau qui se précipite vers un autel à deux degrés;
au-devant de l'animal fougueux est un lampadophore qui paroit le conduire.
Auprès de lui est un autre lampadophore qui s'entretient avec un homme
placé au-dessus du taureau; celui-ci semble lui donner des ordres. Derrière le
taureau, on remarque trois autres lampadophores qui prennent part à cette
scène. Tous les hommes de cette peinture portent une couronne en forme de
diadème surmontée de fleurons ou de feuilles. Telle est la charmante composition de la planche LXXVIII[1].

Ce ne peut être que le sacrifice du taureau dionysiaque[2]: la femme ailée
doit être l'hiérophantide[3]; car nous avons vu que les prêtresses portent quelquefois les attributs[4] de leur divinité, et Bacchus étoit quelquefois représenté
avec des ailes[5]. C'est peut-être la déesse des mystères elle-même, Τελετή. Le bucrane
qui est derrière le taureau indique qu'on va l'immoler; tandis que le trépied
qui se remarque au sommet de cette peinture fait conjecturer que le sacrifice
aura lieu à Delphes : ce qui n'est pas surprenant, Plutarque[6] nous apprend
que Bacchus avoit autant de droit à Delphes qu'Apollon lui-même. Aussi
voyoit-on la statue de Bacchus hors de l'enceinte de ce temple[7], et sur les
voûtes du même temple on avoit représenté Diane, Apollon, les Muses, le
Coucher du Soleil, Bacchus, et ses Thyades[8]. Enfin, c'étoit à Delphes que les
Thyades venoient tous les ans d'Athènes se réunir avec les femmes de ce pays,
pour célébrer les orgies de Bacchus sur le mont Parnasse[9], où se célébroient
les triétiques, et où l'opinion la plus vulgaire faisoit errer les satyres[10].

---

(1) On trouve dans Hancarville une peinture semblable à celle-ci; seulement le dernier lampadophore
de gauche est en entier, au lieu de n'être qu'à moitié
comme sur notre vase.

(2) Le taureau étoit particulièrement consacré à Bacchus, dont le front étoit représenté orné de cornes de
cet animal. Horat., lib. II, od. 16, v. 30.

Les femmes éléennes en priant Bacchus le sollicitoient
de descendre des cieux, et de poser sur terre son pied
de bœuf. Plutarc., *Quæst. græc.*, pag. 299. En Arcadie,
le jour de la fête de ce dieu on conduisoit en pompe à
son temple un taureau choisi. Pausan., *Arcad.*, p. 252.

(3) Ainsi que sa coiffure semble l'indiquer. *Vid. sup.*,
page 1, note 79.

(4) *Vid. sup.*, page 65, note 1.

(5) Comme Bacchus Psila, qui étoit particulièrement
honoré à Amyclée. Ce surnom lui avoit été donné par
une raison fort ingénieuse, dit Pausanias. *Psila* en do-
rien veut dire *le petit bout de l'aile d'un oiseau*. Or, il
semble que l'homme soit emporté par une pointe de
vin comme un oiseau est soutenu dans l'air par ses ailes.
Pausan., *Lacon.*, cap. 19.

(6) Plutarch., *in Voc.* Et Pindare, en parlant de
l'institution des jeux Pythiques, dit qu'avant Apollon,
Bacchus rendoit des oracles à Delphes.

(7) Pausan., *Phocid.*, cap. 6.

(8) *Ibid.*

(9) Pausan., *Elid.*, lib. II, cap. 26; *Phoc.*, c. 6

(10) Macrob., *Saturnal.*, lib. I, cap. 18. Voilà pourquoi les statues et les temples de Bacchus et d'Apollon
étoient si souvent réunis ensemble. On trouvoit à Olympie l'autel d'Apollon Pythien rapproché de celui de

PLANCHE LXXIX.

Cette bacchanale, remarquable par le caractère bien prononcé des têtes des trois satyres, rentre dans l'explication de la planche XXXII : nous y renvoyons le lecteur. La ménade tient un thyrse; au lieu de jouer de la double flûte, elle semble se défendre avec cette arme : ce que nous avons vu avoir également lieu dans les fêtes de Bacchus[1].

PLANCHE LXXX.

Les bacchanales des pl. XXXII, LXVII et LXIX représentent, comme nous l'avons vu, trois faunes ou satyres au milieu desquels se trouve une ménade armée d'un thyrse, ou jouant de la double flûte. Ici, au contraire, nous voyons un faune dansant avec trois ménades, qui tiennent un thyrse d'une main et un bouclier de l'autre : deux d'entre elles ont l'attitude d'une bacchante, qu'un vase peint nomme ΘΑΛΙΑ[2]. Quoiqu'on puisse chercher à reconnoître ici les trois Muses[3] ou les trois Graces[4], d'autant plus que le génie des mystères, ou plutôt l'Amour, comme nous l'avons dit plus haut[5], vole au milieu d'elles; cependant nous pensons que cette bacchanale rentre dans l'explication de celles que nous venons de citer ci-dessus.

PLANCHES LXXXI ET LXXXII.

Ces deux peintures assez semblables l'une à l'autre appartiennent au même vase; elles représentent des libations du genre de celles que l'on faisoit sur les autels.

Lorsqu'on immoloit une victime, la libation se faisoit sur la tête de l'animal[6] que l'on alloit sacrifier; mais quand le sacrifice étoit non sanglant, la libation avoit lieu sur l'autel[7], et quelquefois sur la flamme même qui brûloit dessus[8].

Sur la première de nos peintures une femme, une branche d'arbre à la main, verse dans la patère d'un homme, couvert d'un manteau et armé d'une lance, la liqueur qui doit servir aux libations; sur l'autre, la liqueur est déja versée sur l'autel. Ici, ce sont deux femmes qui remplissent cette cérémonie pieuse;

Bacchus. PAUSAN., *Elid.*, lib. I, cap. 15. Apollon, Hercule et Bacchus, ou les trois Musagètes, étoient réunis ensemble sur la place publique de Gythrium. PAUSAN., *Lacon.*, cap. 21. Ceci explique encore pourquoi Epaminondas et les Thébains unissoient Bacchus à Apollon dans leur culte. PAUSAN., *Messen.*, cap. 36.

(1) *Vid. sup.*, page 76, note 5.
(2) TISCHB., tom. II, pl. XLIV.
(3) Bacchus étoit Musagète.

(4) L'opinion la plus commune les fait filles de Bacchus et de Vénus.
(5) *Vid. sup.*, page 71, note 7.
(6) VIRG., lib. VI, v. 446; lib. XII, v. 174.
(7) *Cæspes libamine humigatus.* APUL., *in Florid.*, § 1.
Ipse gravi patera sacri libamina Bacchi
Rite ferens.
VALER. FLACC., lib. V, v. 193.
(8) *Sic fatus pingui cumulat libamine flammam.*
VALER. FLACC., lib. I, v. 204.

44

celle qui tient le vase présente de l'autre main un petit rejeton de myrte ou de romarin, ce qui indiqueroit que ces libations sont faites à l'autel des foyers domestiques[1].

PLANCHE LXXXIII.

Ce vase, dont la peinture est charmante, a été trouvé par M. le comte Lamberg dans une fouille qu'il fit faire à Nola en 1783.

Un vieillard d'un aspect majestueux est assis; il tient à la main le sceptre de la royauté. Sur ses genoux, on remarque une petite Minerve dans l'attitude de lancer un javelot; vis-à-vis est une jeune femme singulièrement coiffée qui semble entretenir ce prince.

Cette statue de Minerve ne peut être que le *palladium* au destin duquel le sort de Troie étoit attaché[2]. Priam le tient sur ses genoux, et Cassandre, cette malheureuse princesse qui devoit connoître l'avenir[3], mais qui ne devoit jamais être crue quand elle le prédiroit, fait sans doute vainement entendre à son père l'oracle des destinées qui rendent la ville de Troie imprenable tant qu'elle possédera cette statue précieuse[4].

PLANCHE LXXXIV.

Une femme conduit un char sans δίφρος ou siège, attelé de deux chevaux; Mercure qui précède ces coursiers fougueux, dont un est blanc, indique que celle qui les conduit doit être une divinité. Ce ne peut être que la Lune, suivant le génie des anciens poëtes qui donnoient au Soleil quatre chevaux, et n'en donnoient que deux seulement à la Lune[5].

Ce n'est pas la seule divinité qui ait été représentée sur un char à deux chevaux: l'Aurore étoit représentée de même. L'un de ses chevaux se nommoit *lampus*, et l'autre *phaéton*[6]. Cependant Virgile lui donne quatre coursiers[7].

---

(1) *Parvos coronantem marino*
Rore deos, fragilique myrto.
Horat., lib. III, od. 23, v. 15.

(2) Dit. *Cretens.*, lib. IV; Plin., lib. VII, cap. 43; Virg., lib. II, v. 165. C'est dans cette attitude que cette déesse partit du cerveau de Jupiter, et c'est de là qu'est dérivé son nom : Ἀπο του παλλειν. On rapporte d'autres étymologies de ce nom qu'il est inutile de répéter.

(3) *Cassandra Priami et Hecubæ filia in Apollinis fano ludendo lassa obdormisse dicitur. Quam Apollo cum vellet comprimere, corporis copiam non fecit, ob quam rem Apollo fecit, ut vera vaticinaretur fidem non haberet.* Hyg., fab. 93. Il faut voir comme Eschyle a tiré parti de cette tradition dans son Agamemnon, le chef-d'œuvre du père de la tragédie.

(4) Dite de Crète, et les autres écrivains cités ci-dessus, note 2, font enlever le *palladium*, soit par Antenor au moment où Ulysse et Diomède stipuloient à Troie une paix feinte, soit par ces deux Grecs; Cependant quelques auteurs disent que Troie fut prise sans que le *palladium* ait été enlevé. Hyg., fab. 116.

(5) Joseph., *Antiq.*, lib. III, cap. 33; *Cedren.*, p. 323. M. Millin, dans le *Voyage du midi de la France*, a publié un sarcophage sur lequel on voit la Lune qui va visiter Endymion; le char de la déesse n'est attelé également que de deux chevaux.

(6) Hom., *Odyss.*, lib. XXIII, v. 246. Ces chevaux étoient blancs selon Theocrit., *in Hyl.*

(7) *Æneid.*, lib. VI, v. 535. Il est vrai que quelques auteurs prétendent que dans ces vers le poëte a voulu désigner le soleil.

PLANCHE LXXXV.

Cette peinture représente Iris[1], la messagère des dieux[2], qui vient d'ordonner à Hector de ne pas combattre tant qu'Agamemnon sera à la tête des Grecs. Le héros troyen, fidèle aux ordres de la déesse, vient de sauter à bas de son char, et se retire de la mêlée.

Il est vrai que sur notre peinture Iris n'est pas à pied[3] comme dans l'*Iliade*; mais on la voit quelquefois sur les monuments anciens conduisant un quadrige[4]. Mercure, que l'on distingue à la tête des chevaux[5], n'est là que pour indiquer que c'est une divinité qui est sur le char qu'il précède[6]. C'est ordinairement l'emploi de ce dieu; mais ici le rapport est encore plus saillant, à cause de la fonction de ces deux divinités[7]. Les vases que l'on voit au-dessous des pieds des chevaux et de ceux de Mercure, indiquent la qualité de pluvieuse[8], *procellosa*, que les anciens donnoient à Iris. C'est ainsi que les pluies du mois de janvier sont marquées par le vaisseau du verseau[9]?

PLANCHES LXXXVI ET LXXXVII.

Ces deux charmantes patères n'ont d'autres droits à l'intérêt que la variété de leur couleur. La première[10] représente une femme assise sur un autel: ses chairs, sa tunique sont blanches; mais sont péplus est d'un beau violet ou couleur amarante foncée[11], tandis que ses pieds, les plis de ses vêtements, les

---

(1) Homer., *Iliad.*, lib. XI, v. 185 et seq.

(2) Μιταγγελος αθανατοισι. Hom., *Iliad.*, lib. XV, v. 144. C'étoit sur-tout la messagère de Junon. Albric., *De Imagin. Deor.*; Virgil., *Æneid.*, lib. IV, v. 694; lib. V, v. 606; lib. IX, v. 2. Cependant Virgile en fait aussi quelquefois la messagère de Jupiter comme Homère le fait presque toujours. *Iliad.*, lib. XI, v. 185; lib. XV, etc.

 Aeriam cœlo nam Jupiter Irim
 Dimisit.
      Virg., *Æneid.*, lib. IX, v. 803.

(3) Homer., *loc. citat.*, v. 211.

(4) En effet, Homère dit que la légèreté de ses pieds égale celle des vents. *Iliad.*, lib. XV, v. 168. Et presque toujours il lui donne les pieds des vents : Ποδηνεμος ωκεα Ιρις. *Iliad.*, lib. II, v. 297; lib. XI, v. 195; lib. XVIII, v. 166.

(5) *Vid.* Mill., *Peintures de vases antiq.*, tome II, pl. XVIII.

(6) C'est ainsi qu'on le voit sur plusieurs vases. C'est ordinairement les chevaux du soleil qu'il conduisoit. Winckelm., *Monum. inéd.*, tom. II, pag. 27. D'autres fois il fournissoit des coursiers aux dioscores. Tertull., *De Spectacul.*, cap. 6.

(7) Ils sont tous deux messagers des dieux. On la représentoit quelquefois comme Mercure avec les talonnières et le caducée. Tischb., tom. IV, pl. XV. Elle est représentée de même sur la vignette IV de cet ouvrage.

(8) Fornut., *De Natur. deor. in verb. Mercur.*; Homer., *Iliad.*, lib. XXIV, v. 144. Virgile, *loc. cit.*, la fait presque toujours sortir des nuages. Ovide les lui fait assembler. *Metam.*, lib. I, v. 270.

(9) Le verseau étoit un jeune homme qui tenoit un vase à la main dont il versoit les pluies. Theon., p. 146; Ovid., *Fast.*, lib. I, v. 652; Cas., cap. 11, pag. 93. On appeloit même ce signe *amphora situla, urna*, à ce que nous apprend Ausone. Nous savons d'ailleurs que les anciens Egyptiens représentoient ce signe par trois vases. Horat., *Apoll.*, lib. I, cap. 21. D'autres fois c'étoit une urne percée de mille trous. Kirk., *Œdip.*, tom. II, part. II. Les Indiens y placent seulement une urne. Gentil., *Voyag. aux Indes*, tom. I. Un vase publié par M. Millingen représente l'Aurore, ΕΟΣ, qui tient deux vases par lesquels elle verse la rosée. *Inedit. Monum.*, pl. VI.

(10) Elle a été trouvée en Pouille.

(11) Cette couleur pourroit représenter la pourpre, couleur en usage dans les fêtes de Bacchus. Stat.,

ondulations de ses cheveux, les ombres d'une feuille, d'une patère et d'une bandelette qu'elle tient, sont de la couleur ordinaire des vases. Le fond est noir, et au bas de la figure on voit des oves qui se détachent en blanc.

L'autre[1] représente un satyre assis auprès d'un petit autel sur une amphore renversée; toutes les bandelettes qui s'y trouvent, soit autour du thyrse ou de l'amphore, ou dans le champ de la peinture, sont de la même couleur que le péplus de l'autre patère, et relevées de petits points blancs qui font un effet charmant. Les feuilles et les fruits de lierre qui entourent cette peinture sont blancs, et nuancés de la couleur ordinaire des vases.

PLANCHES LXXXVIII ET LXXXIX.

La première de ces deux planches représente un guerrier armé d'une lance et d'un carquois; il se trouve entre deux autres guerriers qui sont couverts de larges boucliers ronds : c'est sans doute une marche militaire, un départ pour le combat. Les deux oiseaux, qui sont de chaque côté de ces figures, indiquent peut-être que c'est Memnon, dont le manteau étoit parsemé de ces oiseaux sur le fameux tableau de la descente d'Ulysse aux enfers peint par Polygnotte[1].

Peut-être ces oiseaux ne sont-ils qu'une espèce de héron, ces οκνοι dont parle Pausanias; ils étoient d'une grosseur et d'une beauté admirables. Les augures observoient leur vol pour prédire l'avenir[2].

L'autre côté de ce vase, qui forme la planche suivante, représente une de ces bacchanales souvent répétées sur les vases. C'est Bacchus assis tenant un rhyton à la main; il est au milieu de deux satyres qui tiennent une espèce de cerceau[4] au bras. Ces cercles sont du genre de ceux dont on se servoit sur les théâtres[5] : ils indiquent que les jeux Scéniques sont du ressort de Bacchus.

Achill., lib. I, ainsi qu'à Samothrace, CLEM. ALEXAND., *Protript.*, tom. I, pag. 16, et à Eleusis. Mais, dans ces derniers mystères, les prêtresses ne s'en revêtoient que pour faire des imprécations. LYS. *contr. Androcid.* C'est encore en habits de pourpre qu'on sacrifioit aux Euménides. ÆSCHYL., *Eumenid.*, v. 1036.

(1) Ce vase a été trouvé en Sicile.

(2) PAUSAN., *Phocid.*, cap. 31. Les habitants de l'Hellespont disoient que tous les ans à jour fixe ces oiseaux venoient balayer un certain espace du tombeau de Memnon, et qu'ils l'arrosoient avec leurs ailes qu'ils alloient plonger dans l'eau du fleuve Esepus. *Ibid.* Mais, selon Ovide, ces oiseaux arrosoient ce tombeau de leur sang, et se livroient tous les ans un combat à l'endroit où étoient les cendres du général éthiopien. OVID., *Metamorph.*, lib. XIII, v. 619 et seq.

(3) PAUSAN., *Phocid.*, cap. 32.

(4) POLLUX, *Onomast.*, lib. X, sect. 172.

(5) On en voit plusieurs dans les *Monuments inédits* de Winckelman, t. II, pl. CXCIV. Ils ont ordinairement des anneaux que l'on faisoit retentir avec un bâton. Cette particularité est négligée sur notre vase, comme cela arrive souvent sur les peintures antiques. Voyez WINCKELM., *loc. cit.*, pl. CXCV et CXCVI.

PLANCHE XC.

Cette charmante figure, que la variété de ses couleurs rend encore plus inté-
ressante, représente un génie qui, se balançant dans les airs, tient un éventail
à la main. La coiffure de femme de ce génie nous fait soupçonner que le dessinateur s'est mépris, et qu'il n'a pas rendu exactement l'original; le torse de
cette figure doit être de femme. C'est ainsi qu'on représente le génie hermaphrodite qui jouoit un grand rôle dans les mystères[1]. L'oie qui est au pied de
notre figure donne une nouvelle force à notre conjecture; non seulement cet
oiseau étoit immolé en sacrifice[2], mais il étoit cher à Proserpine[3], ainsi qu'à
Isis[4], divinité avec laquelle Proserpine a de grands rapports.

PLANCHE XCI.

Un centaure va faire un sacrifice; il tient sa victime suspendue à une espèce
de branche d'arbres, ou à un instrument séparé en trois bras. Cette victime
est un lièvre; ce qui indique que le sacrifice se fera à Priape[5]. C'est à cause
de sa fécondité qu'on le consacra sans doute au dieu de la génération, puisque
c'est cette qualité qui, selon quelques auteurs, le fit placer au ciel auprès des
limites de l'équinoxe du printemps[6].

PLANCHE XCII.

Un jeune guerrier qui se fait un bouclier de son manteau va frapper de
son épée un sanglier furieux qui s'élance sur lui. Est-ce Méléagre ou Adonis?
Les conjectures sont aussi favorables pour l'une que pour l'autre opinion. Si,

---

(1) On le nommoit *Amour hermaphrodite :* Διφυη
εροτα. Orph., *Argon.*, v. 14.

> *Diva non miti generata ponto*
> *Quam vocat matrem geminus Cupido.*
>> Senec., *Hyppolit.*, v. 274.

> *Concutit tædas geminus Cupido.*
>> *Ibid., Œdip.*, v. 500.

Bacchus étoit aussi hermaphrodite. Cet avantage, que
peu de dieux ont obtenu, lui a été procuré à cause de sa
naissance, qui rendit à-la-fois Jupiter son père et sa
mère. Aristid., *in Bacch.*, tom. II, pag. 52.

(2) *Nec defensa juvat Capitolia, quo minus anser*
> *Det jecur in lances Inache lauta tuas.*
>> Ovid., *Fast.*, lib. I, v. 453.

(3) Pausan., *Bœot.*, cap. 39.

(4) Aux foires de Tithorée en Phocide, on immoloit
une oie à Isis. Pausan., *Phocid.*, cap. 33. On voyoit une
oie dorée sur la poupe du vaisseau d'Isis. Apul., *Met.*,
lib. IX. Cet oiseau est joint souvent aux autres symboles d'Isis. Tibull., lib. I, eleg. 3. On le retrouve en
bordure sur la fameuse table Isiaque, Montfauc., *Ant.
expliq.*, tom. II, pl. CXXXVIII; et sur beaucoup d'autres monuments de cette divinité. Herculan., tom. II,
pl. XVI; *Mém. de l'Acad. des inscript. et bell.-lettr.*,
tom. LIX; Grav., tom. V, pag. 781.

(5) Un dessin inédit de vase représente un sacrifice
à Priape, et on lui immole un lièvre.

(6) Theon., pag. 142; Eratosth., cap. 34; Germanic.,
cap. 33. Il y a dans Tischbein, tom. II, pl. VI, un vase
qui représente à-peu-près le même sujet; seulement il
y a plusieurs objets suspendus à la branche d'arbre du
centaure. Ce sont des oscilles que l'on suspendoit aux
arbres pour prier les dieux de donner la fertilité à la
terre. Virg., *Georg.*, lib. II, v. 389. Ce qui rentre dans
notre explication.

d'un côté, les deux espèces de bâtons qui sont figurés auprès du monstre peuvent représenter les traits dont Atalante et Méléagre[1] le frappèrent avant de le tuer, de l'autre côté la position du guerrier et celle même du sanglier paroissent indiquer que c'est la mort d'Adonis que le peintre a dessinée[2]; car la bête furieuse va lui percer la cuisse.

> *Et tuta petentem*
> *Trux aper insequitur, totasque sub inguine dentes*
> *Abdidit*[3].

PLANCHE XCIII.

Cette peinture, dont le sujet se rencontre souvent sur les vases, représente Hercule étouffant le lion de Némée en présence de Minerve sa protectrice. Nous entrerons dans de plus longs détails relativement à ce fait mythologique, lorsque nous expliquerons un superbe vase à fond jaune que nous publierons dans le second volume de cet ouvrage.

PLANCHE XCIV.

Un vieillard à cheveux blancs donne la main à un jeune guerrier qui semble arriver; celui-ci est accompagné d'un chien qui paroît reconnoître le vieillard, et s'avance pour le caresser ou pour mieux l'examiner. Telle est la peinture du vase auquel le style des figures noires donne un haut degré d'antiquité.

Ulysse transformé en vieillard est sans doute représenté ici. Il étoit chez le fidèle Eumée, lorsque son fils Télémaque arriva de Lacédémone[4]; et sous le déguisement que lui avoit donné Minerve, il ne fut reconnu de personne, pas même de son fils. C'est le moment de l'arrivée de celui-ci qui est retracé par l'artiste. Ulysse se lève pour lui faire honneur[5], et, selon l'usage des temps, il lui tend la main pour réclamer l'hospitalité[6]. Il est représenté comme Homère le décrit; sa chevelure blonde[7], sa barbe noire[8], ne le distinguent pas : il a un bâton à la main[9].

La scène du chien, il est vrai, n'eut pas lieu en ce moment, et elle est bien

---

(1) Ovid., *Metamorph.*, lib. VIII, v. 380 et seq.; Propert., lib. III, eleg. 22; Hygin., fab. 174.

(2) On croiroit reconnoître une allusion à la xxve idylle attribuée à Théocrite, où le sanglier amené devant Vénus s'exprime ainsi :

> Τον ανδρα τον καλον σευ
> Ουκ ηθελον παταξαι·
> Αλλ' ως αγαλμ' εσειδον,
> Και μη φερον το καυμα

Γυμνον τον ειχε μηρον
Εμμαινουσιν φιλησαι.

(3) Ovid., *Metamorph.*, lib. X, v. 719.

(4) Homer., *Odyss.*, lib. XIV et seq.

(5) *Ibid.*, lib. XVI, v. 45.

(6) *Vid. supr.*, pag. 27.

(7) Homer., *Odyss.*, lib. XIII, v. 431; lib. XVI, v. 175.

(8) *Ibid.*, lib. XVI, v. 176.

(9) *Ibid.*, lib. XIII, v. 437.

plus touchante dans l'*Odyssée*[1], puisque c'est au moment où Ulysse met le pied sur le seuil de son palais qu'inconnu à tous les siens, même à ses sujets les plus fidèles, il ne peut échapper à la sagacité de la tendresse de son chien, qui, malgré son déguisement, le reconnoît et meurt de plaisir en revoyant son maître. Mais l'on sait que les peintres se permettoient de pareilles transpositions, et d'autres plus hardies.

Ici cependant l'artiste a pu s'aider de traditions différentes, ou même en rassembler plusieurs. Les auteurs anciens rapportoient avec des variantes cette reconnoissance d'Ulysse. Il y en avoit qui disoient que ce fut à Eumée que le roi d'Ithaque se fit reconnoître[2], et qu'au moment où il se présenta chez ce fidèle berger il ne fut reconnu que par son chien[3].

Nous aurions suivi ce récit, s'il nous avoit été possible de reconnoître Eumée dans le jeune guerrier qui tend la main au vieillard. Nous avons cru plutôt que le peintre a réuni plusieurs traditions en retraçant ce sujet; qu'il a suivi Homère en plaçant Télémaque dans son tableau, et qu'il a suivi les auteurs qui sont les garants d'Hygin, lorsqu'il a retracé en même temps la scène du chien; d'autant plus que c'étoit le moyen de faire reconnoître le sujet de sa peinture.

Ce n'est pas la seule licence qu'il ait prise. Télémaque est ici armé d'un bouclier, et cette particularité ne se trouve pas dans Homère[4]. Il est armé d'une double lance; et le prince des poëtes nous apprend que le fidèle Eumée lui avoit ôté sa lance d'airain des mains avant de l'introduire dans la chambre où étoit son hôte[5]. Mais l'artiste avoit d'autant plus de latitude, que des auteurs[6] n'admettoient pas cette entrevue avec Télémaque, ainsi que nous venons de le dire; ils prétendent que c'est à Eumée qu'Ulysse se fit reconnoître, et que Télémaque n'eut aucun avis de son arrivée.

PLANCHE XCV.

Un guerrier à genoux semble plutôt prier une Amazone que se défendre contre elle; la guerrière l'attaque mollement, et paroît lui faire grace. Cette peinture a beaucoup de rapport avec une autre qui se trouve sur un vase publié par le chevalier Hamilton[7]. L'inscription de notre vase auroit peut-être

---

(1) Homer., *Odyss.*, lib. XVII, v. 291 et seq.

(2) Hyg., fab. 126.

(3) *Ulysses ab Alcinoo rege Nausicæ patre cum esset muneribus dimissus, naufragio facto nudus Ithacam pervenit, ad quandam casam suam, ubi erat nomine Eumæus sybotes, hoc est subulcus pecoris, quem canis cum agnosceret et ei blandiretur, Eumæus eum non recognoscebat : quoniam Minerva eum et habitum ejus commutaverat,* etc. Hyg., fab. 126.

(4) Homer., *Odyss.*, lib. XV, v. 550.

(5) *Ibid.*, lib. XVI, v. 40.

(6) Hyg., fab. 126.

(7) Tisch., tome II, pl. XXV. Ce vase représente deux Amazones qui vont tuer un Grec; celui-ci est à genoux, et demande la vie à une d'elles.

éclairci un fait que l'on croit tiré de Théséides inconnues[1]; mais malheureuse-
ment les lettres, quoique bien marquées, ont si peu la forme grecque, qu'il est
impossible de les lire.

Le style du dessin, l'armure du guerrier et celle de l'Amazone, qui assignent
à ce vase la plus haute antiquité, quand même son inscription ne la lui don-
neroit pas, font regretter davantage que l'inexactitude du copiste nous ait privés
des avantages qu'on auroit pu retirer de cette inscription.

(1) PLUTARC., *Vit. Thes. in princip.*

FIN DU PREMIER VOLUME.

Sujet d'un Vase N.º 12.

Sujet d'un Vase N.º 26.

Sujet d'un Vase. Pl.e 4.

LXXIX.

Sujet d'un Vase de la même forme.

LXXX.

Sujet d'un Vase de la même forme.

Sujet d'un Vase N.° 62.

Autre Sujet du même Vase.

Sujet d'un Vase du N.º 14.

Sujet d'un Vase N.º 34.

Sujet d'un Vase de la forme N.º 4.

Sujet d'un Vase de la forme N.º 12.

Autre sujet du même Vase.

Sujet d'un Vase de la même forme.

Sujet d'un Vase de la forme N.º 58.

Sujet d'un Vase de la forme N.° 14.

Sujet d'un Vase de la forme N.° 12.

Sujet d'un Vase de la forme N.° 14.

Sujet d'un Vase de la forme N.° 14.

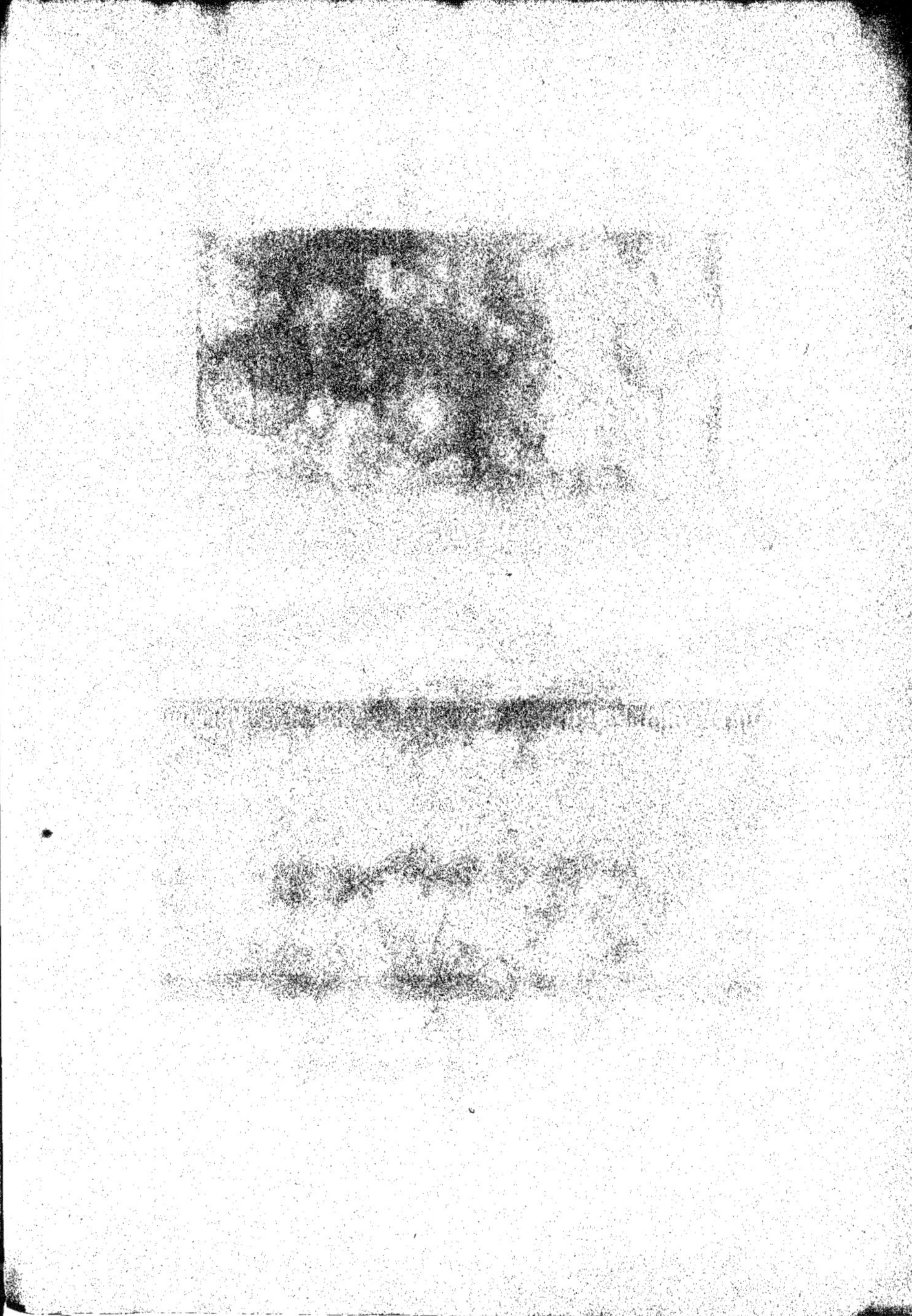

9 782329 015804